JN039780

福祉の基本体系シリーズ ── 12

社会福祉の内容と課題

井村圭壯　鎌田 綱［編著］

勁草書房

は し が き

　終戦直後と現在を比較すると日本社会は大きく変貌をとげ，家族構成や仕事など私たちの暮らしも変容してきた．社会福祉は私たちの暮らしに密着したものであり，その時代に発生する福祉ニーズに合わせてさまざまな施策が作られ実施されてきた．終戦直後の時期は，「日本国憲法」第 25 条にある「健康で文化的な最低限度の生活」を国民誰もが送れることを主眼におき，福祉六法，年金保険制度や医療保険制度が整備された．その後，日本は飛躍的な経済的発展を遂げるととともに少子高齢化の進展が大きな課題となってきた．特に 1990 年代以降になると，高齢化や少子化が政策上のキーワードとして頻繁に使われることになった．高齢化のなかでも，高齢者介護が大きな社会問題となったことから，介護を社会全体で担う「介護保険制度」が作られた．また，少子化については，「子ども・子育て支援新制度」が作られ，「こども家庭庁」の発足といった形で対応が進められている．社会福祉サービスの提供方法についても，「措置」と呼ばれる行政主導でサービス内容が決定されていたものが，社会福祉基礎構造改革により，利用者が主体的にサービスを選択し「利用契約」する形態へと大きく変化している．

　このように日々変貌する社会福祉を概括して捉えることは容易ではない．しかし，保育士や社会福祉士，介護福祉士などの専門職を目指す人々は社会の実情を学び，自分たちが関わる利用者やその家族などがどのようなニーズを抱えて日々生活しているのか，知ることは大変重要である．利用者の思いを十分に傾聴し，一人ひとりに合った支援内容を考えていかなければならない．そのためには，社会福祉全般の幅広い知識，また社会福祉援助の方法について学び，現場での実践技術を高めていく必要がある．これが社会福祉関係の各専門職養成課程において「社会福祉」や「社会福祉の原理と政策」な

どといった科目が必修科目として配置される所以である．

　さて，本書は保育士や社会福祉士及び介護福祉士，精神保健福祉士，また看護師養成課程の大学・短期大学・専門学校などの「社会福祉」分野の基礎的なテキストとして活用できるように企画している．そのため，社会福祉の法制度や歴史，社会福祉援助技術，高齢者や障がい者といった対象別の福祉の概要などを必要十分に解説するとともに，今後の課題についても踏み込んでいる．また，初学者にもわかりやすい内容，文章に配慮するとともに，統計などは最新の情報を盛り込んでいる．学校のテキストとしてだけではなく，社会福祉に関心を持つ一般市民に対する講演教材としても活用できる．そのほかすでに専門職として活躍している方が学びなおす機会にもなりうる．できるだけ多くの方々に読んでいただきたい．

　最後に，本書の執筆，編集にあたっては，各執筆者の方々，そして勁草書房編集部の関戸詳子氏には大変お世話になった．紙面を借りて感謝申し上げる．

　2024 年 1 月 1 日

編著者

目　　次

はしがき　i

第1章　社会福祉の原理と政策……………………………………………1

　第1節　現代の生活と社会福祉………………………………………1

　　1. 社会の変容と社会福祉／2. 社会福祉の原理と政策に求められ
　　る視点

　第2節　社会福祉の原理………………………………………………3

　　1. 社会福祉の持つ意味について／2. 社会福祉の原理に関係する
　　研究／3. 社会福祉の原理のとらえ方について

　第3節　社会福祉の政策………………………………………………6

　　1. 社会福祉の政策が取り組む内容や対象の変化／2. 社会福祉の
　　政策に関わる社会福祉関係法の変化／3. これからの社会福祉の
　　政策について

第2章　社会福祉の歴史的形成………………………………………13

　第1節　欧米の社会福祉の歴史的形成……………………………13

　　1. 第二次世界大戦以前／2. 第二次世界大戦後の社会福祉の展開

　第2節　日本の社会福祉の歴史的形成……………………………17

　　1. 第二次世界大戦以前の福祉の取り組み／2. 第二次世界大戦後
　　の社会福祉の展開

第3章　社会福祉の法律………………………………………25

第1節　社会福祉法…………………………………………25

第2節　福祉六法……………………………………………26

1. 児童福祉法／2. 身体障害者福祉法／3. 生活保護法／4. 知的
障害者福祉法／5. 老人福祉法／6. 母子及び父子並びに寡婦福祉
法

第3節　その他の主要な法律………………………………29

1. 障害者基本法／2. 障害者の日常生活及び社会生活を総合的に
支援するための法律／3. 精神保健及び精神障害者福祉に関する
法律／4. 介護保険法／5. 地域保健法／6. 母子保健法／7. 民生
委員法／8. 高齢者の医療の確保に関する法律／9. 子ども・子育
て支援法／10. 社会福祉士及び介護福祉士法／11. 精神保健福祉
士法

第4章　社会福祉の制度と実施体系…………………………37

第1節　社会福祉の行財政…………………………………37

1. 社会福祉を支える行政の仕組みと役割／2. 社会福祉における
財政

第2節　社会福祉の機関……………………………………41

1. 社会福祉の公的機関／2. 社会福祉の民間機関

第3節　社会福祉の施設……………………………………45

第5章　社会福祉の民間活動…………………………………47

第1節　社会福祉の民間活動とは…………………………47

1. 民間活動の意義と目的／2. 福祉サービスと民間活動の関係

第2節　民間の社会福祉活動の内容………………………48

1. 社会福祉における民間ボランティア／2. NPO（非営利組織）

／3. NGO（非政府組織）／4. 社会福祉法人／5. 社会福祉協議
会／6. 共同募金／7. 民生委員・保護司／8. 協同組合／9. 民間
保険／10. 民間企業の社会貢献活動

第3節　民間の社会福祉活動の課題………………………………54
1. 活動資金・担い手の確保／2. 公的機関との連携／3. 民間活
動の周知・理解

第6章　社会福祉専門職……………………………………………57
第1節　社会福祉専門職の現状と資格制度……………………57
1. 社会福祉専門職の現状／2. 社会福祉専門職制度

第2節　社会福祉専門職の専門性と倫理………………………60
1. 社会福祉専門職に求められるもの／2. 社会福祉専門職の倫理

第3節　保健・医療関係分野の専門職との連携………………64
1. 保健・医療関係分野の専門職との連携の必要性／2. チームア
プローチによる連携・協働

第7章　ソーシャルワーク…………………………………………67
第1節　ソーシャルワークの理論………………………………67
1. ソーシャルワークとは何か／2. ソーシャルワークの基本的構
成要素／3. ソーシャルワークの原則

第2節　ソーシャルワークの方法………………………………71
1. ソーシャルワークの援助過程／2. 援助の技法

第8章　権利擁護を支える法制度…………………………………79
第1節　広義と狭義の権利擁護制度……………………………79
第2節　成年後見制度……………………………………………79

1. 制度の概要／2. 任意後見制度／3. 法定後見制度／4. 成年後見制度の利用促進

第3節　日常生活自立支援事業……………………………………85

1. 事業の概要／2. 事業の対象者／3. 事業の内容

第4節　権利擁護に関わる相談を受ける組織………………………87

1. 人権擁護委員／2. 児童虐待等に関わる機関／3. 障害者虐待等に関わる機関／4. 高齢者虐待等に関わる機関／5. 配偶者間暴力等に関わる機関／6. 犯罪被害者等の支援に関わる機関

第9章　子ども家庭福祉………………………………………………91

第1節　子ども家庭福祉とは…………………………………………91

1. 子ども・子育て家庭と福祉／2. 子ども「家庭」福祉である意味

第2節　子ども家庭福祉の内容………………………………………92

1. 1990年代以降の子ども家庭福祉のあゆみ／2. 子ども家庭福祉の理念と法律／3. 権利主体としての子ども／4. 現代の子どもの育ちの現状

第3節　子ども家庭福祉の課題………………………………………97

第10章　高齢者保健福祉……………………………………………101

第1節　高齢者保健福祉とは………………………………………101

第2節　高齢者保健福祉の内容……………………………………102

1. 高齢者の介護・福祉／2. 高齢者の保健医療

第3節　高齢者保健福祉の課題……………………………………107

第11章　障がい者福祉………………………………………………111

第1節　障がい者福祉とは…………………………………………111

　　　1. 障がい福祉施策の歴史的経緯／2. 障がい福祉の概念と対象

　第2節　障がい者福祉の内容…………………………………………112

　　　1.「障害者総合支援法」の目的と理念／2.「障害者総合支援法」
　　におけるサービスの概要／3.「障害者総合支援法」におけるサー
　　ビス利用のプロセス／4.「障害者総合支援法」におけるサービス
　　の費用負担／5.「障害者基本法」の理念／6. 障がい者の雇用と
　　工賃保証／7.「障害者総合支援法」における就労支援サービス／
　　8. 障がい特性に応じた各法律

　第3節　障がい者福祉の課題…………………………………………117

　　　1. 施設・病院生活から地域生活への移行／2.「障害者虐待防止
　　法」と障がい者虐待

第12章　生活保護……………………………………………………121

　第1節　生活保護とは…………………………………………………121

　第2節　生活保護の内容………………………………………………122

　　　1. 生活保護の原理・原則／2. 生活保護の種類と内容／3. 生活
　　保護の費用／4. 生活保護の実施／5. 生活保護制度における自立
　　支援と就労支援

　第3節　生活保護の課題………………………………………………127

第13章　地域福祉……………………………………………………129

　第1節　地域福祉とは…………………………………………………129

　　　1. 地域福祉の背景／2. 地域福祉の定義

　第2節　地域福祉の内容………………………………………………130

　　　1. 社会福祉協議会／2. 民生委員／3. 共同募金／4. ボランティ
　　ア・NPO 法人

　第3節　地域福祉の課題………………………………………………135

第 14 章　医療福祉……………………………………………………137

　第 1 節　医療福祉とは………………………………………………137

　第 2 節　医療福祉の内容……………………………………………138

　　1. 医療法と医療保険制度／2. 医療提供施設と在宅医療サービス
　　／3. 医療ソーシャルワーク

　第 3 節　医療福祉の課題……………………………………………142

第 15 章　社会福祉の今後の課題……………………………………145

　第 1 節　社会の変化と社会福祉の課題……………………………145

　　1. 少子高齢化と社会の変化／2. 高齢者や子育て世帯の孤立化と
　　地域社会のつながりの希薄化／3. 人権問題

　第 2 節　これからの社会福祉の課題………………………………148

　　1. 社会における人と人のつながりの構築／2. 福祉人材の確保と
　　安定した福祉サービス提供体制の構築／3. すべての人権が尊重
　　される社会の構築

　第 3 節　多文化共生社会構築へ向けた今後の方向性……………149

　　1. 地域におけるつながりと生活支援の充実／2. 必要不可欠な存
　　在としての社会福祉従事者／3. 多文化共生と地域共生社会の構
　　築／4. 多文化共生社会と社会福祉の価値

事項・人名索引　153

第1章　社会福祉の原理と政策

第1節　現代の生活と社会福祉

1. 社会の変容と社会福祉

　社会福祉サービスは，国民のニーズに応じて自然発生的に法制度が設けられて提供されるものではない．その時代の社会状況や経済状況などにも影響を受ける側面を持つ．例えば，戦後間もない時期は貧しい家庭が多く，貨幣的ニーズが中心だったため，経済的な困窮への対策が中心となっていた．その後，高度経済成長期に入ったことで，困窮に関するニーズは徐々に軽減したが，社会の発展に伴う医療技術の進歩や食生活の安定による平均寿命の延伸などのプラス面と同時に，過疎化，過密化や核家族化の進行，少子高齢化など，これまでなかった社会問題がみられるようになった．この新しい問題は，家庭内や地域内にあった子育てや介護，見守りというような互助の機能低下につながり，それらの社会問題に対して新しい社会福祉の政策が必要となったのである．

　過去には家庭内の問題だとされてきた高齢者の介護問題も，共働きや核家族の増加，家庭内介護の長期化などによる限界を迎えて，社会の問題としての対応が求められた．そこから1997（平成9）年に「介護保険法」が成立し，社会全体で高齢者介護を支えるために，保険料の徴収によって財源を確保するという，共助による体制が整えられたことがわかりやすい例として挙げられよう．

　またノーマライゼーション[1]やコミュニティ・ケア[2]，ソーシャル・イン

クルージョン[3]などの理念が普及していったことも影響している．社会福祉の対象も貧困からすべての人の生活問題へと拡大し，年齢や性別の違い，障がいや持病の有無などにかかわらず，すべての人が地域社会において共に生活のできる社会が求められるようになった．このように，障がい者や高齢者，子ども，生活困窮などのように分野別でとらえられていた問題は，主体性を尊重した個別対応や個人及び家庭，地域で抱える複合的な問題としての対応が必要とされたことから，困窮に対する金銭給付であったり，介護や養護のニーズに対する施設入所のような対処療法的な政策では対応が困難になっていったのである．

　厚生労働省の進める「地域共生社会」への取り組みも，このような社会状況が影響しているといえよう．『令和5年版 厚生労働白書』では，「地域・家族・雇用や日常の様々な場面における人々のつながりの変化を背景に，いくつかの分野を横断する課題や，属性別に展開されてきた公的な制度では支援が難しい制度の狭間の課題などが表面化」[4]してきていることから，制度・分野ごとの「縦割り」や担い手と受け手を超えたつながり・支え合うことのできる地域共生社会が必要だとしている．

2. 社会福祉の原理と政策に求められる視点

　現在の社会福祉には，すべての人が地域社会において主体性の尊重された生活を送ることができるような政策が求められているが，フォーマルサービスによって独居高齢者の孤独に毎日寄り添うことや，親の介護と子育てのダブルケアに悩む家庭に対して，24時間365日体制で支えることは難しい．現在提供されているフォーマルサービスでは手の届かない日常生活上のニーズにも対応するためには，地域住民などのインフォーマルな社会資源やボランティアとの連携を欠かすことができないのである．

　複雑化した社会福祉の問題にどのように取り組むのかについて，他国の政策も参考にすべき点は多くあるが，デンマークやスウェーデンのような北欧諸国での高福祉高負担，アメリカでの低福祉低負担を基本とした政策など，

社会保障や社会福祉に対する基本的な体制の違いについても理解しておく必要がある．財源の確保のために税金をどれだけ投入するのか，自己負担率をどうするのかなど，国によって社会保障や社会福祉に期待する方向性や役割が異なるからである．そのため，他国の取り組みを安易に導入することは必ずしも現実的ではなく，わが国との基本的な政策の違いにも留意しなければならない．イエスタ・エスピン - アンデルセン（Gøsta Esping-Andersen）は，「福祉レジーム」の相違が，福祉国家の類型を決定するとしており，アメリカなどの自由主義レジーム，北欧諸国の社会民主主義レジーム，ドイツやフランスなどの保守主義レジームの 3 つに類型化している[5]．わが国はこれらのどのレジームにも該当しないことからも，他国との類似性や相違点を確認しながらそれらを参考にすることが求められるのである．

　そのような意味からも，社会福祉とは何を目的としてどのような機能を担うことを期待されるものなのかという根本的な原理や，それを具現化するためにどのような政策をとっていくのかという方向性について，わが国の社会状況やそこに暮らす人々のニーズをそのつど反映させた視点から，議論を活発化させることは重要な意義を持つのである．

第 2 節　社会福祉の原理

1. 社会福祉の持つ意味について

　わが国では他国に例のない速さで高齢化が進んだこともあり，社会福祉イコール介護だと認識している人の数は，現在でも多いだろう．社会福祉の原理とは，「社会福祉」という語の持つそもそもの意味の共通認識であったり，その根源の意味を表すものである．そう考えると単純に受け取ることもできるが，社会福祉を行政が携わる制度・政策面からとらえる場合と，専門職が担う方法・技術または理論・理念，さらにはサービス利用者や地域住民のニーズからとらえる場合など，どこに主眼を置くかによって意味が異なってく

るため，その共通認識の構築が困難になっている．まずここでは，統一された原理のない社会福祉の基本的な意味について，多面的な視点の影響を受けない共通点から，理解をしてみる．

　社会福祉とは何かを考える際に，そもそも「福祉」とは何かについてのイメージを持っておく必要があるだろう．例えば多くの世代が認識しやすいように福祉について説明をする際に，「ふ・く・し」をあいうえお作文の要領で「ふだんの・くらしの・しあわせ」と表現する場合や，「福祉」という漢字をみると，福は「幸せ」，祉は「恵み」や「幸い」という意味を持つことから，「人々の幸せをつくるもの」などの表現を用いることがある．これらに共通するのは幸せという言葉であり，福祉はわれわれが幸せに暮らすことに関わるものであり，社会福祉は人々の生活の中の幸せを社会の問題としてとらえて，フォーマルやインフォーマルなどを問わずに取り組んでいくものだといえよう．ただし，幸せや幸福感には個人差があり，同じ経済力があっても人が違えば幸不幸の受け取り方に違いが生じる．このような個人差があるすべての主観的幸福を定義化することは難しいため，客観的な視点から最大限の個人の幸福を尊重する立場が必要になる．そこで，すべての人々に共通して享受されるべき生活や，認められるべき権利という観点から，「日本国憲法」にある権利と社会福祉の原理につながるものを整理してみる．

　「日本国憲法」第25条では「すべて国民は，健康で文化的な最低限度の生活を営む権利を有する」として「生存権」に触れており，続いて「国は，すべての生活部面について，社会福祉，社会保障及び公衆衛生の向上及び増進に努めなければならない」としている．国は社会福祉などの増進によって国民が生存権を行使できるようにする努力義務が課せられているのである．幸福イコール生存権としてすべてを置き換えることはできないし，個人と社会全体とでも幸福のとらえ方は異なるが，社会福祉とのつながりを理解することができる．社会福祉は幸福感など，個人の心身に直接アプローチをする側面と，対象者の関わる人やモノなどの環境面へ間接的にアプローチをする側面を持っているのである．このことも踏まえて，ここでは社会福祉を，一人

ひとりが社会生活の中で幸福を感じられるように，「人がより良く生きるための環境をつくるもの」としてみていくこととする．

2.　社会福祉の原理に関係する研究

　社会福祉はとらえ方や，どこに主眼を置くかによって意味が異なると述べたが，これまでの社会福祉の原理に関する研究にいくつか触れることで，多面的なとらえ方について理解をしてみる．

　わが国において社会福祉に関する研究が活発に取り組まれるようになったのは，第二次世界大戦後からである．1950 年代から 1960 年代後半にかけて政策論や生存権保障論，歴史論，技術論，固有論などに関する研究が盛んに行われた．1960 年代後半から 1970 年代にかけては，貧困論や中間理論，運動論などがみられた．1980 年代は福祉供給組織論，1990 年代は多元統合論などが台頭し，現在においても社会福祉の原理に関する研究は続けられている．

　研究が活発であった 1960 年代前後の研究についてみてみると，政策論の孝橋正一は，資本主義制度の構造的問題として貧困などの社会的問題が生じるという立場から，社会全体に関わる社会問題は社会政策の対象となり，そこから派生する社会的問題は社会事業が対象にするとしている．さらに，社会事業は社会政策の補充（代替）をするものだとしている．孝橋理論の特徴は社会福祉という語を用いずに社会事業としている点にもみられる．

　固有論を提唱した岡村重夫は，一般的な制度では対応のできない個人の主体的な側面から生じる問題を社会福祉固有の対象として位置づけており，社会関係の客体的側面にのみ着目する一般的な政策だけでは人々の生活上の問題解決は困難であるため，社会関係の主体的側面を問題とする個別化の方策が必要だとしている．

　技術論の仲村優一は，公的扶助をケースワークの手段とするのではなく，ケースワークを公的扶助の手段とするような方向の必要性について触れている．現在の「社会福祉士」など福祉系専門職の業務に置き換えると，福祉法

制度によるサービスを機械的に提供するのではなく，専門性を発揮するための手段として福祉法制度を活用するという考えである．

このように，研究者によって社会福祉の位置づけは異なり，また，社会状況や時代の違いからくる現状の認識や受け取り方の違いはあるものの，どの理論も今日の社会福祉のあり方や，社会における位置づけを考えるのに欠かすことのできない視点を示してきた．そしてアプローチは異なれども，どの視点も人がより良く生きるための環境づくりと結び付いていることがわかる．

3. 社会福祉の原理のとらえ方について

ここでは社会福祉を「人がより良く生きるための環境をつくるもの」として位置づけてきた．人の生活は個人の内面的または身体的な問題に限らず，関わる人やモノ，社会状況や経済状況，社会福祉に関係する理念など多様な環境から影響を受けるが，対象となる人が満たされるべき環境とはどのようなものだろうか．「最も制約の少ない環境」（Least Restrictive Environment）[6]という言葉がある．これは，社会性や社会通念，法律や校則，社則など，われわれが社会の中で生きるためには大小さまざまな制約の影響を受けるようになるが，人が主体的に自分らしく生きるためには，必要な制約の中でも最大限の自由が尊重されるべきであり，性別や年齢，障がいの有無などを理由とした制約を受けることがあってはならないという考えに基づいている．人がより良く生きるための環境を実現するには，「最も制約の少ない環境」の視点も欠かすことができないだろう．

第3節　社会福祉の政策

1. 社会福祉の政策が取り組む内容や対象の変化

政策とは，政治の方策や目標達成のための，政府・政党などの基本的な方策又は施策の方針，という意味で用いられている．このことから，社会福祉

の政策とはわが国における社会福祉の持つ意味をどのように具現化するのか
について，その方向性を示したり，それを実現するための方策のことを指し
ているといえよう．

　社会福祉の政策が必要とされ，法制度が設けられるようになった背景につ
いてみると，最初から国の責任として社会福祉の政策が作られていたわけで
はない．国としての政策がとられる前の歴史をみると，自助や互助では解決
できない生活上の問題への対応は，時の権力者によるお恵み的な支援のほか，
宗教的背景を持つ活動や篤志家による慈善活動など個人や一部の組織・団体
による，対象者も対象地域も限定的な取り組みとなっており，権利として受
けられるものでもなかった．明治時代になってようやく国として初めて貧困
対策を行った 恤 救 規則が設けられるに至ったが，生活困窮は個人の責任と
してとらえる考えが根強く，国の責任とする体制は不十分であった．先に触
れたように現在の体制整備は，第二次世界大戦後に制定された「日本国憲
法」が影響している．

　法制度との関係についてみると，社会福祉は広義には社会保障制度全般を
含む公衆衛生，雇用，教育など人々の生活を支える制度や施策の意味を含み，
狭義には福祉六法や「介護保険法」「障害者総合支援法」など福祉関係法制
度やそれに基づくサービスを指すものとしてとらえることができる．ここで
は，人々の生活に関係する環境全般から社会福祉をとらえていることから，
広義の社会福祉の視点からみていくこととする．

　社会福祉の政策のあり方は，各時代の社会背景や福祉理念などの影響を受
けるため，不変のものではないことに注意が必要である．例えば，「社会保
障制度審議会」によって1950（昭和25）年に発表された「社会保障制度に
関する勧告」では，社会保障制度を「疾病，負傷，分娩，廃疾，死亡，老齢，
失業，多子その他困窮の原因」を対象として，「公衆衛生及び社会福祉の向
上を図り，もってすべての国民が文化的社会の成員たるに値する生活を営む
ことができるようにすることをいう」ものとして位置づけている．この時代
は社会福祉を，人々が生活困窮に陥ることになった原因や，困窮する人に対

して機能するものだとしている.

　それが, 1993（平成5）年に総理府社会保障制度審議会事務局によって発表された「社会保障将来像委員会第一次報告」では, 社会保障を「国民の生活の安定が損なわれた場合に, 国民にすこやかで安心できる生活を保障することを目的として, 公的責任で生活を支える給付を行うもの」としている.

　これら2点の違いをみると, その対象は社会保障制度を国民の生存権を脅かす困窮そのものやその原因に対してアプローチするものから, 国民のすこやかで安心できる生活を保障するものへと変容しており, 現在は困窮に限らない生活全般に関わる課題の改善・解決に取り組むものとして受け取ることができる. つまり, 戦後から現在にかけて社会福祉の政策が取り組むべき内容や対象が拡大していることがわかる.

2. 社会福祉の政策に関わる社会福祉関係法の変化

　社会福祉の政策が取り組むべき対象の拡大は, 担い手の拡大とも関係している. 1951（昭和26）年に制定された「社会福祉事業法」には, 社会福祉事業の全分野における共通的基本事項が定められていた. 1990（平成2）年に改正された際に同法第3条では「国, 地方公共団体, 社会福祉法人その他社会福祉事業を経営する者は, 福祉サービスを必要とする者」に対して福祉サービスを提供するよう努める, と規定している. 社会福祉の政策の担い手は国や自治体, 社会福祉事業者であり, 対象とするのは「福祉六法」を中心とする社会福祉関係法で規定された福祉サービスを必要とする者だということである. 第3条の2では地域住民との関係にも触れられているが, 「社会福祉事業を経営する者」は「地域に即した創意と工夫を行い, 及び地域住民等の理解と協力を得るよう努めなければならない」としており, 地域住民は担い手ではなく, 福祉サービス提供者の事業に理解を示す立場という位置づけになっている.

　「社会福祉事業法」は1990年代後半の「社会福祉基礎構造改革」を経て, 2000（平成12）年に「社会福祉法」へと改正・改称されており, その目的に

地域福祉の推進を図るという内容が新たに加えられている．さらに第4条では「地域住民，社会福祉を目的とする事業を経営する者及び社会福祉に関する活動を行う者は，相互に協力し，福祉サービスを必要とする地域住民が地域社会を構成する一員として」あらゆる活動に参加することができるように，「地域福祉の推進に努めなければならない」と規定している．改正前の「社会福祉事業法」では，ただ第三者的立場から理解を示す位置づけだった地域住民が，受け手だけでなく担い手の一員として明記されるようになったのである．

3.　これからの社会福祉の政策について

　これまでみてきたように，社会福祉の政策は社会の変化に合わせて変容していることがわかる．「社会福祉法」の改正についてみると，2016（平成28）年改正では，社会福祉法人制度の改革により，地域における公益的な取り組みを実施する責務が求められるようになり，2017（平成29）年改正では，地域共生社会の実現に向けた取り組みを推進するために，「介護保険法」等とあわせて改正されている．2020年（令和2）年改正では，地域住民の複雑化したニーズに対応する，市町村による包括的な支援体制の構築を目的とした重層的支援体制整備事業が創設されている．

　社会福祉の政策のあり方は，その時代や社会に合わせて変化をし続けている．近年の特徴としては，「社会福祉法」の改正内容や，厚生労働省が主導する地域共生社会への取り組みなどからわかるように，持病や障がいの有無，年齢や性別の違いなどに関係なく，すべての人が主体性を尊重されて，共に暮らせる地域福祉の充実した社会を目指す方向にあるといえよう．そのために，フォーマルな法制度だけでは手の届かない多様なニーズに対応するインフォーマルを含めた多様なサービスの維持・開発・効率的運用のためのサービス提供主体の多元化や，それを実現するための市場原理の導入などをすすめている．

　ただし，2003（平成15）年に障がい者を対象として導入された「支援費支

給制度」は，自治体間によるサービス量格差や精神障がい者が対象となっていないこと等への批判から，2005 年（平成 17 年）に「障害者自立支援法」が制定され，さらに課題を改善するために 2012（平成 24）年には「障害者総合支援法」へと改正されている．政策に基づいた法制度であっても早急な見直しを迫られるケースもあるが，このような変化も含めて，「人がより良く生きるための環境をつくる」ことにつながっているといえよう．

　社会福祉をどのような方向へ向けてどのように進めるかは政策に影響されるが，その根幹を支える原理が存在しない，若しくは不十分なものであると，実践現場で提供されるサービスの意義や目的，又は社会的役割などが不明瞭なものになってしまう．また，素晴らしい原理に基づいた理論や実践・運動があったとしても，社会の必要に応じて政策という形で社会全体に共通した取り組みにならなければ，限られた範囲でしかその効果を得ることができない．その意味からも人の生活を支える社会福祉の原理と政策は対となる関係であり，ともに「人がより良く生きるための環境」づくりに向けて機能するものでなければならないのである．

注

1）ノーマライゼーション（normalization）は，障がい者など福祉サービスを必要とする人が同じ地域社会で暮らすことのできないアブノーマルな状況から，皆が共存できるノーマルな社会を目指そうとするものである．

2）コミュニティ・ケア（community care）は，介護などの福祉ニーズのある人が，本人の希望する地域社会において自立した生活ができるようにサポートをするものである．

3）ソーシャル・インクルージョン（social inclusion）は社会的包摂（包括）を意味しており，社会的排除を意味する（social exclusion）の対立概念である．

4）厚生労働省監修『厚生労働白書（令和 5 年版）』日経印刷，2023 年，pp. 88-89.

5）厚生労働省監修『厚生労働白書（平成 24 年版）』日経印刷，2012 年，pp. 78-86.

6）中薗康夫監訳『ノーマリゼーションの展開——英国における理論と実践』学苑社，1994 年，p. 257.

参考文献

右田紀久恵・秋山智久・中村永司編著『社会福祉の理論と政策（21 世紀への架け橋—社会福祉の目指すもの第 1 巻)』中央法規出版，2000 年

岡村重夫『社会福祉原論』全国社会福祉協議会，1983 年

孝橋正一『全訂版　社会事業の基本問題』ミネルヴァ書房，1962 年

社会保障研究所編『福祉政策の基本問題』東京大学出版会，1985 年

高田真治『社会福祉混成構造論——社会福祉改革の視座と内発的発展』海声社，1993 年

仲村優一『公的扶助とケースワーク』日本社会事業大学，1956 年

第2章　社会福祉の歴史的形成

第1節　欧米の社会福祉の歴史的形成

1.　第二次世界大戦以前

（1）　中世における救済活動

　困ったり苦しんでいる人々を支えることは，キリスト教会による病院での保護，荘園内の住み込み生活の場の提供などにより行われてきた．エリザベス1世の時代になり，荘園が廃止され，農地や家を持たない貧窮者が増加していった．国として救済策を出すことになり，1601年の「エリザベス救貧法」制定につながる．この制度は教会の教区ごとに救貧税を課す，それをもとに働けない者を救助する，働く能力のある者は強制的に働かせるという考え方であった．人々の労働能力をみることで救済方法を区分，貧孤児や棄児については救貧院へ入所させる，働ける者は職人等になれるよう親方の家に住み込んで働かせるなどで，技術を見習わせることにした．同法は，その後のイギリスをはじめとした各国の救済制度整備の基礎となった．

（2）　資本主義初期において

　中世から近代への移り変わりの時期，すなわち封建社会から資本主義社会への転換期には，どの国でも新しい社会の生活に適応できない人々が生じ，彼らは貧民となった．貧民たちは，市街地を放浪することになった．彼らは社会の秩序を脅かす反社会的な存在とみなされ，犯罪者として取り扱われ罰を受けることもあった．イギリスの「乞食取締令」（1530年）は，労働能力

のある浮浪者を罰するものであった．しかし，取り締まっても貧民の数は増大していく．一方で，工場制手工業の登場で，貧民たちは工場労働者になっていった．その後の「エリザベス救貧法」（1601年）では，これまでの私的な慈善活動は国家の義務としての救助となった．

(3)　産業革命期において

　個人が自己の経済的利益を自由に追求する自由競争こそ，社会全体の富の増大につながるという考え方が登場する．救貧費用を国家が負担することが批判されるようになり，イギリスでは「新救貧法」制定（1834年）に至った．レス・エリジビリティの原則を採用した法であったが，この原則は「快適さのより少ないこと」を意味するものであり，支援を受ける人々にとって厳しいものであった．19世期後半のブース（Charles Booth）のロンドンでの調査，ラウントリー（Benjamin Seebohm Rowntree）のヨーク市での調査は，貧民の生活実態を描き，国家の課題として注目を集めるようになった．ドイツでは，1880年代にはビスマルク（Otto von Bismarck）による医療保険をはじめとした社会保険制度が創設された．

(4)　慈善組織化期において

　私的な慈善事業の数が増大したが，その実態は「重複，無秩序，混乱をともない，その組織化が課題」であり，活動を組織化し効果的なものにしようということになった[1]．ドイツの「エルバーフェルト制度」（1852年）は，各地区に相談員を配置して慈善事業による支援を効率的に実施するように努めた．これは日本でも参考にされ，後の民生委員制度の創設につながった．

　1836年，イギリスではミュラー（G. Muller）がブリストルに孤児院を創設した．1870年代になると，バーナード（T. Barnardo）によって孤児等の小舎制での養護がバーナード・ホームで行われ，そこでは里親委託による養護も実施された．

(5)　20世紀以降において

貧民の生活問題が社会の課題であるという認識が高まり，国家は必要最小限の治安維持だけを行うのではなく，貧民も含めた国民全体の生活改善を図るための具体的な方策を実施すべきという考え方が広まる．

アメリカでは，20世紀になると，今の社会を改革しなければならないという革新運動が起こった．1909年の第1回ホワイトハウス会議では，子どもを家庭から切り離さないで保護をなすべきことが重視され，1912年に連邦政府に児童局が創設された．1935年には世界初の「社会保障法」の制定に至り，アメリカは福祉国家としての改革を進めた．

(6)　労働と子ども

18世紀半ばからの産業革命は，農業社会から工業社会への移行を促し，工場労働者の増加へと至った．徒弟などとして低賃金で劣悪な労働環境で働き，心身を壊す子どもも増加した．19世紀初め頃からは，これらの問題を解決する動きがみられるようになった．オーエン（R. Owen）は，人道的な立場で子どもの保護を主張した．1833年には「工場法」が制定され，安価な労働力とされていた女性や子どもたちの保護がはじまった．「9才以下の児童の雇用を禁止」し，心身の発育，教育の機会の確保を図ろうとした[2]．その後同法は，労働者すべての労働時間を制限する法律へと発展した．

2.　第二次世界大戦後の社会福祉の展開

(1)　戦後期

第一次と第二次の二度にわたる大戦は世界の子どもたちを苦難に陥れることになってしまった．ポーランドでは孤児院の子どもたちがガス室で虐殺された．院長で子どもたちとともに亡くなったコルチャック（J. Korczak）の行動は，戦後の国際社会に知られるところとなり，彼の思想はその後，「子どもの権利条約」の制定などに活かされることになった．

イギリスでは1942年の「ベバリッジ報告書」の考え方などから，1945年

に公的扶助と社会保険を中心とする社会保障制度が創設された．医療費は税金で賄い，失業保険・雇用保険制度を設け，子ども手当等を整備し，「ゆりかごから墓場まで」の最低生活の保障を目指すことになった．

　その後1950年代に財政難から，貧民への救済水準が下げられるなど福祉国家への道は大幅に修正されることになったが，1960年代以降，地方自治体による在宅福祉サービスの充実も図られた．

(2)　法整備と各国ごとの福祉制度拡充期

　イギリスでは1970年代，経済力の低下から社会保障は削減された．一方，1975年の「児童法」改正は，子どもの安全を重視した施策を重視，1980年代以降は「児童法」の改正などにより子どもの養護のための施策の充実を図っていった．

　アメリカでは第二次世界大戦後に，経済的な発展が進む一方で，家庭崩壊による養護問題も増加した．1960年代には，虐待を受けた子どもへの対応が課題となった．環境に恵まれない子どもやその家族に栄養，健康，教育のサービスを提供する事業が始まり，ヘッドスタートというプログラムになっている．

(3)　現代の福祉制度へ

　イギリスやアメリカ，その他諸国家は，財政難により福祉予算の縮減を求められている．スウェーデンでは，1950年代の完全雇用の達成により，財政基盤を整えていき，福祉サービスの拡充を図っていったが，1960年代以降に手厚い福祉に国民の依存が増し，勤労意欲の低下や企業の改革意欲の低下がみられ，福祉の充実についての国民の理解が得にくくなった．

　1965年，アメリカで医療扶助制度が創立された．65歳以上の高齢者と障がい者を対象に「メディケア」を，低所得者を対象に「メディケイド」を規定している．これ以外の現役世代は民間医療保険に加入するというかたちである．2010年にはいわゆる「オバマケア」により保険に入ることを義務づ

ける制度の導入を図ったが，医療機関が限定される，無保険者もいるなどの課題もある．

第 2 節　日本の社会福祉の歴史的形成

1. 第二次世界大戦以前の福祉の取り組み

（1）　古代からの福祉の取り組み

　奈良時代の光明皇后は，貧しさの中で生活するハンセン病患者の支援を行ったという．鎌倉時代の僧侶であった忍性は「北山十八間戸」を建立した．障がいのある人々への支援も古くからみられた．寺院等による子どもの保護も行われていた．

　日本では仏教の影響を受けて「菩薩に「福祉」の原型を見出したこと」が特徴の 1 つとなっていると言われる³⁾．また，江戸末期に二宮尊徳が「貧富調和を目的とし，極貧農を自立させ，村落に「中」農層の増加を図った」⁴⁾というように，荒廃した農村の貧窮者の生活改善を図る取り組みがみられた．

（2）　明治期からの福祉の取り組み

　明治時代になると，貧窮する人々の保護や教育を組織的に行おうとする実践家や仕組みづくりがみられるようになる．明治維新後，国は 1874（明治 7）年に貧困者を救済するための制度である「恤救規則」を設けた．その内容は貧困者の血縁・地縁関係からの相互扶助を重視していたので，効果は限定的であった．1871（明治 4）年の「棄児養育米給与方」も十分な子どもの支援にはつながらなかった．近代化した明治期の日本社会において，貧孤児や障がいのある人々等を誰がどのように支援したかは，十分に明らかになっているわけではない．これらの人々は，貧窮した環境の中で心身の健康を保てずに命を落とすことも多かった．しかし，この時代に芽生えた貧窮者を保護する取り組みは，以下の先駆的事業をはじめ，先進的な考え方をもつ官

僚も加わり，こんにちの社会福祉の基礎となった．

　1879（明治12）年，仏教諸宗派の合同で「福田会育児院」が創立された．仏教思想にもとづく取り組みで，親の養育を受けられない乳幼児や貧児らを入所させ育てた．安定的な経費の確保のために支援団体を設ける等，日本の福祉事業の先駆的存在となった．

　1887年（明治20）年，キリスト教徒の石井十次により「岡山孤児院」が創立された．施設の安定的な経営方法を模索，イギリスのバーナード（T. Barnardo）の小舎制養育の取り組みも参考にしながら養育方法の改良に尽力した．

　1891（明治24）年，濃尾大震災が発生し，愛知県から岐阜県にかけて大きな被害があったなかで，被災した乳幼児を，「孤女学院」（のち滝乃川学園）を創立し入所させたのがキリスト教徒の石井亮一であった．またこの時期の保育事業としては，「幼稚園」が，明治初期に「官」の主導で始まり普及した．一方，労働の必要や貧困のゆえに，十分な育児ができない家庭の乳幼児を対象とする施設が，さまざまなかたちで，主として民間の力で誕生した．これらの一部は「幼稚園」として設置されたが，大部分は，制度上の根拠のないものであった．これらは，「児童福祉法」（1947年）により制度化された「保育所」の源流といえる．名称はさまざまであったが，「保育所的保育施設」[5]として先駆的な取り組みがみられた．

（3）　福祉の制度化（感化法制定）

　1885（明治18）年，教誨師であった高瀬真卿は，「東京感化院」（当初は私立予備感化院）を創立した．感化院とは，不良行為をなし又はなす恐れがある少年を入院させて，罰を与えるのではなく，教育を行おうとする施設である．こんにちの児童自立支援施設に該当するものであるが，子どもの生活全般を指導し教育も受けさせ，成長を促そうとするものであった．キリスト教徒で教誨師であった留岡幸助も感化院を創立したが，彼らの事業は1900（明治33）年の「感化法」の制定に寄与した．「感化法」は，福祉事業に公費

を充てる初めての試みでもあった．

（4）　昭和戦前期まで

1916（大正 5）年の「工場法」の施行は，産業革命により安価な労働力を提供させられる立場に陥っていた子どもや女子を過酷な工場勤務から救うことになった．十分な内容ではなかったが，後継となる第二次世界大戦後の労働基準法にもその運用の経験は活かされた．

1920（大正 9）年の経済恐慌，1923（大正 12）年の関東大震災発生などによって，国民生活が窮乏していたのが大正時代であった．前述の「恤救規則」では対応しきれないこと，これに代わる救貧制度が求められたことなどから，1929（昭和 4）年には「救護法」が制定された．その後の第二次世界大戦中の福祉事業について，その実態は不明な点が多い．

2.　第二次世界大戦後の社会福祉の展開

（1）　終戦直後と復興期の保護の実施

第二次世界大戦終戦後，GHQ（連合国軍最高司令官総司令部）による「社会救済に関する覚書（SCAPIN775）」にそって貧窮者を救済する対応がなされた．そこでは戦災被災者のほか幅広い福祉ニーズに応じることが課題となった．ひとまず戦災の影響を受けた貧窮者の福祉の確保が求められたが，戦災孤児，低所得者など福祉のニーズが際限なく生じていた時代であり，十分な支援はなされなかった．

1945（昭和 20）年 9 月の「戦災孤児等保護対策要綱」は，戦災被災児の養育委託などを進めることにしたが，効果をなかなか上げられなかった．

この時期に，乳児院や貧困者の福祉事業の制度化は実現した．アメリカのフラナガン（E. J. Flanagan）の助言などから「児童福祉施設最低基準」が設定されるなど，施設の設備や職員の配置の条件整備は進んだ．福祉施設のスタッフについて，例えば看護師，保育士，指導員，栄養士・調理師等というような幅広い専門的視点から施設利用者を支えること，チームで支援を行う

ことなどが福祉事業において必要なことと明確になった．孤児院と呼ばれて
いた施設は養護施設を経て児童養護施設となったが，これにより衣・食・住
の生活手段を持たない子どもたちを大人になるまで養育することが，国が行
う仕組みとして成立した．法令に基づいて公金で経費負担を行う福祉事業の
仕組みが普及することになった．

（2）　社会福祉制度の展開期

　終戦直後の福祉ニーズに対応したのが福祉三法と呼ばれた法律で，「生活
保護法」「児童福祉法」「身体障害者福祉法」を指す．また，そののちに福祉
ニーズとして新たにとらえられたものに対応したのは福祉六法と呼ばれた法
律で，「知的障害者福祉法」「老人福祉法」「母子及び父子並びに寡婦福祉法」
の制定と，先の福祉三法とを合わせたものである．さらに，1951（昭和 26）
年制定の「社会福祉事業法」は，社会福祉制度の共通事項を規定するもので，
福祉の各制度の円滑な運用を促すとともに，社会福祉協議会の仕組みについ
ても規定された．

　糸賀一雄は障がいのある子どもたちの養護を専門的に実施する施設づくり
を開始し，「この子らを世の光に」と述べて，戦後の障がい児支援の先駆者
となった．「この子たちがじつはどんなひとも同じように，それ自身に生き
がいがあり，自分自身が世の光なのだということを実証するような生き方が
そこにあるということを，私たちは忘れないようにしたいと思うのである．
それが療育ということの中身である．施設体系も一般福祉体系も，この子ら
を世の光に育て上げるために存在するという本質をみつめてみたいと思う．
日本ではまだ専門的な療育の水準が，多くのひとびとのものになっていない．
専門技術的には世界の水準に比肩しているのに，それは私たちの住んでいる
社会の財産になっていない．山高くして谷もまた深いのである．福祉の活動
は，一面この深い谷を埋めて，高い水準の専門性が私たちのものになるよう
な努力を指すことであると思う」と指摘し，のちの障がい児・者福祉制度の
形成に多大な影響を与えた[6]．

(3)　経済成長と社会福祉の拡充期

　1960年代から70年代は高度経済成長期と呼ばれ，子育て家庭の収入もアップする一方で，衣・食・住は満たされる環境にあるものの家庭崩壊により混乱し非行行動をとる子どもたちの存在が知られるようになった．保護者が乳児を駅のロッカーに置き去りにするという事件も発生した．1980年代中頃から1990年代には，認知症高齢者の生活実態に社会的な関心が高まり，少子高齢社会に対応した高齢者福祉制度を充実させることが求められるようになった．1994（平成6）年には日本は「高齢社会」（人口高齢化率14%超の社会を指す）となったことと，欧米諸国よりもその到達期間が短かったことは，ニーズに応じきれず高齢者虐待などの問題を生じさせた．また，共働き家庭を支援する保育所等の施設整備，子育て支援のさらなる拡充についての社会の関心も高まった．

　のちの時期は低成長となるが，特別養護老人ホーム，保育所等の福祉施設の新設や増設は各地で大規模に実施された．一方，児童養護施設で生活する子どもの数は減少し施設不要論もみられたが，その後は児童虐待問題への社会の関心が高まり，入所児童数の増加による施設の不足も生じ，その対応に追われた．

(4)　経済低成長期と社会福祉の構造改革期

　1998（平成10）年には，中央社会福祉審議会社会福祉基礎構造改革分科会が「社会福祉基礎構造改革について（中間まとめ）」を発表，2000（平成12）年に「社会福祉の増進のための社会福祉事業法等の一部を改正する等の法律」を制定し，福祉関係の法律の改正が行われた．社会福祉制度全体において，市町村に一元化して福祉サービスを展開する方向が打ち出された．この時の「児童福祉法」改正では教護院を「児童自立支援施設」と改称し，非行少年だけでなく生活指導が必要な児童への援助を行うことや，自立支援を目的とすることなどが規定された．養護施設は「児童養護施設」と改称し，自立支援を目的とすることなどを規定した．児童虐待は社会問題としてさらに

注目されるようになり，児童相談所や行政機関は子どもの救出を強く期待されるようになった．2000（平成 12）年には，「児童虐待防止法」が制定され，虐待の早期発見を重視するようになった．2004（平成 16）年には，施設に地域の子育て支援の役割も期待するようになり，ショートステイ，夕方から夜間にかけての子どもの預かりを行うトワイライトステイなどのサービスが開始された．

　経済停滞の長期化で，限られた予算での福祉制度の対象の拡充，福祉サービス利用者の権利擁護が精力的に進められてきたのがこの時期である．

　障がい児・者福祉制度については，2005（平成 17）年の「障害者自立支援法」制定で，障がい者の就労支援を重視する福祉サービスが実施されてきたが，さらなる障害者福祉制度の再編のため 2012（平成 24）年に「障害者総合支援法」が制定された．関連して同年「児童福祉法」の改正も行われた．障がい児施設は支援の内容により，福祉型と医療型の障がい児入所施設に再編された．

　2010 年代，非正規労働者の中に貧窮者が含まれていることに社会の関心が高まり，2013（平成 25）年に「生活困窮者自立支援法」が制定され，相談事業の実施等により，困窮者の福祉ニーズに応じている．

　21 世紀の冒頭四半世紀が経過した現在，前時代の課題であった民主化，国民の平等，技術革新などは一定程度進み，新しい時代の人々の幸福追求は続いているが，現実には子どもの貧困，格差社会の進行など，幸福を十分に享受できるような社会が整っているとは言い難い現状がある．蓄積されてきた先人の福祉のあゆみを理解し，過去と現在の対話を行い，これからの福祉社会を生きぬく知恵を見つけることが求められている．

注
1）仲村優一・一番ケ瀬康子編『世界の社会福祉 4　イギリス』旬報社，1999 年，
　　p. 169.
2）同上書，p. 131.
3）吉田久一『日本社会福祉理論史』勁草書房，1995 年，p. 24.

4）同上書，p. 32.
5）汐見稔幸・松本園子・高田文子・矢治夕起・森川敬子『日本の保育の歴史』
　　萌文書林，2017 年，p. 93.
6）糸賀一雄『福祉の思想』NHK，1968 年，p. 107.

参考文献

池田敬正・土井洋一編著『日本社会福祉綜合年表』法律文化社，2000 年
右田紀久惠・髙澤武司・古川孝順編『社会福祉の歴史（新版）』有斐閣，2001 年
金子光一・小舘尚文編著『新 世界の社会福祉 1　イギリス アイルランド』旬報
　　社，2019 年
菊池正治・清水教惠・田中和男・永岡正己・室田保夫編著『日本社会福祉の歴史
　　──制度・実践・思想（改訂版）』ミネルヴァ書房，2014 年
田多英範編著『世界はなぜ社会保障制度を創ったのか──主要 9 カ国の比較研
　　究』ミネルヴァ書房，2014 年

第3章　社会福祉の法律

第1節　社会福祉法

　「社会福祉法」は，社会福祉を目的とする事業の全分野における共通的基本事項を定め，福祉サービスの利用者の利益の保護及び地域における社会福祉の推進を図るとともに，社会福祉事業の公明かつ適正な実施の確保，社会福祉を目的とする事業の健全な発達を図り，社会福祉の増進に資することを目的としている（第1条）．第2条では定義として，「社会福祉事業」を「第1種社会福祉事業」と「第2種社会福祉事業」に規定している．第1種社会福祉事業とは，例えば，「老人福祉法」に規定する養護老人ホーム，特別養護老人ホーム，軽費老人ホームを経営する事業である．また，「児童福祉法」であれば，乳児院，母子生活支援施設，児童養護施設，障害児入所施設，児童心理治療施設，児童自立支援施設を経営する事業である．第2種社会福祉事業とは，例えば，「老人福祉法」に規定する老人居宅介護等事業，老人デイサービス事業，老人短期入所事業，小規模多機能型居宅介護事業，認知症対応型老人共同生活援助事業，複合型サービス福祉事業，老人デイサービスセンター，老人短期入所施設，老人福祉センター，老人介護支援センターを経営する事業である．また，「児童福祉法」であれば，障害児通所支援事業，障害児相談支援事業，児童自立生活援助事業，放課後児童健全育成事業，子育て短期支援事業，乳児家庭全戸訪問事業，養育支援訪問事業，地域子育て支援拠点事業，一時預かり事業，小規模住居型児童養育事業，小規模保育事業，病児保育事業，子育て援助活動支援事業，助産施設，保育所，児童厚生施設，児童家庭支援センターを経営する事業，児童の福祉の増進について相

談に応ずる事業である．なお，経営主体として，第 1 種社会福祉事業に関しては，「国，地方公共団体又は社会福祉法人が経営することを原則とする」と定められている（第 60 条）．また，「共同募金を行う事業」は第 1 種社会福祉事業と規定している（第 113 条）．

　また，第 6 条では「福祉サービスの提供体制の確保等に関する国及び地方公共団体の責務」を規定しており，「国及び地方公共団体は，社会福祉を目的とする事業を経営する者と協力して，社会福祉を目的とする事業の広範かつ計画的な実施が図られるよう，福祉サービスを提供する体制の確保に関する施策，福祉サービスの適切な利用の推進に関する施策その他の必要な各般の措置を講じなければならない」と規定している．「社会福祉法」は「総則」のほか，「地方社会福祉審議会」「福祉に関する事務所」「社会福祉主事」「指導監督及び訓練」「社会福祉法人」「社会福祉事業」「福祉サービスの適切な利用」「社会福祉事業等に従事する者の確保の促進」（福祉人材センター，福利厚生センター等）「地域福祉の推進」（包括的な支援体制の整備，地域福祉計画，社会福祉協議会，共同募金），その他について規定している[1]．

第 2 節　福祉六法

1.　児童福祉法

　「児童福祉法」は，第 1 条で「児童福祉の理念」を示している．「全て児童は，児童の権利に関する条約の精神にのつとり，適切に養育されること，その生活を保障されること，愛され，保護されること，その心身の健やかな成長及び発達並びにその自立が図られることその他の福祉を等しく保障される権利を有する」．また，第 2 条で「児童育成の責任」を規定している．「全て国民は，児童が良好な環境において生まれ，かつ，社会のあらゆる分野において，児童の年齢及び発達の程度に応じて，その意見が尊重され，その最善の利益が優先して考慮され，心身ともに健やかに育成されるよう努めなけれ

ばならない．②児童の保護者は，児童を心身ともに健やかに育成することについて第一義的責任を負う．③国及び地方公共団体は，児童の保護者とともに，児童を心身ともに健やかに育成する責任を負う」．また，同法は，「児童福祉審議会」「実施機関」「児童福祉司」「児童委員」「保育士」「福祉の保障」（療育の指導，小児慢性特定疾病医療費の支給等，居宅生活の支援，助産施設，母子生活支援施設及び保育所への入所等，障害児入所給付費，高額障害児入所給付費及び特定入所障害児食費等給付費並びに障害児入所医療費の支給，障害児相談支援給付費及び特例障害児相談支援給付費の支給，要保護児童の保護措置等，被措置児童等虐待の防止等，障害児福祉計画）「事業，養育里親及び養子縁組，里親並びに施設」，その他について規定している．

2.　身体障害者福祉法

「身体障害者福祉法」は，身体障害者の自立と社会経済活動への参加を促進するため，身体障害者を援助し，身体障害者の福祉の増進を図ることを目的としている（第1条）．この法律は，「定義」「実施機関等」「更生援護」（障害福祉サービス，障害者支援施設等への入所等の措置，盲導犬等の貸与，社会参加の促進等）「事業及び施設」，その他を規定している．なお，都道府県は，身体障害者の更生援護の利便のため，市町村の援護の適切な実施の支援のため，身体障害者更生相談所を設けなければならない（第11条）．また，都道府県は，その設置する身体障害者更生相談所に，身体障害者福祉司を置かなければならない（第11条の2）．

3.　生活保護法

「生活保護法」は，「日本国憲法第25条に規定する理念に基き，国が生活に困窮するすべての国民に対し，その困窮の程度に応じ，必要な保護を行い，その最低限度の生活を保障するとともに，その自立を助長することを目的」とする（第1条）．すべての国民は，この法律の定める要件を満たす限り，この法律による保護を，無差別平等に受けることができる（第2条）．この

法律により保障される最低限度の生活は，健康で文化的な生活水準を維持することができるものでなければならない（第 3 条）．なお，保護は，生活に困窮する者が，その利用し得る資産，能力その他あらゆるものを，その最低限度の生活の維持のために活用することを要件として行われる（第 4 条）．これを「保護の補足性」という．運用においては，「保護の原則」「保護の種類及び範囲」「保護の機関及び実施」「保護の方法」「保護施設」「医療機関，介護機関及び助産機関」「就労自立給付金及び進学準備給付金」「被保護者就労支援事業及び被保護者健康管理支援事業」「被保護者の権利及び義務」，その他を規定している．

4.　知的障害者福祉法

　「知的障害者福祉法」は，知的障害者の自立と社会経済活動への参加を促進するため，知的障害者を援助するとともに必要な保護を行い，知的障害者の福祉を図ることを目的としている（第 1 条）．国及び地方公共団体は，その責務として，知的障害者の福祉について国民の理解を深めるとともに，知的障害者の自立と社会経済活動への参加を促進するための援助と必要な保護の実施に努めなければならない（第 2 条）．この法律は，「総則」「実施機関及び更生援護」（実施機関等，障害福祉サービス，障害者支援施設等への入所等の措置）「費用」，その他を規定している．なお，都道府県は，知的障害者更生相談所を設けなければならない（第 12 条）．また，都道府県は，その設置する知的障害者更生相談所に知的障害者福祉司を置かなければならない（第 13 条）．

5.　老人福祉法

　「老人福祉法」は，老人の福祉に関する原理を明らかにするとともに，老人に対し，その心身の健康の保持及び生活の安定のために必要な措置を講じ，老人の福祉を図ることを目的としている（第 1 条）．国及び地方公共団体は，老人の福祉を増進する責務を有する（第 4 条）．この法律は，「総則」の他，

「福祉の措置」「事業及施設」「老人福祉計画」「費用」「雑則」等を規定している．なお，「老人福祉計画」は市町村老人福祉計画（第 20 条の 8）と都道府県老人福祉計画（第 20 条の 9）に区分されている．また，この法律において，「老人福祉施設」とは，老人デイサービスセンター，老人短期入所施設，養護老人ホーム，特別養護老人ホーム，軽費老人ホーム，老人福祉センター，老人介護支援センターをいう（第 5 条の 3）．

6.　母子及び父子並びに寡婦福祉法

この法律は，母子家庭等及び寡婦の福祉に関する原理を明らかにするとともに，母子家庭等及び寡婦に対し，その生活の安定と向上のために必要な措置を講じ，母子家庭等及び寡婦の福祉を図ることを目的としている（第 1条）．国及び地方公共団体は，母子家庭等及び寡婦の福祉を増進する責務を有する（第 3 条）．この法律において，「児童」とは，「20 歳に満たない者」をいう．「寡婦」とは，「配偶者のない女子であつて，かつて配偶者のない女子として民法第 877 条の規定により児童を扶養していたことのあるもの」をいう．「母子家庭等」とは，「母子家庭及び父子家庭」をいう（第 6 条）．この法律は，「総則」「基本方針等」「母子家庭に対する福祉の措置」「父子家庭に対する福祉の措置」「寡婦に対する福祉の措置」「福祉資金貸付金に関する特別会計等」「母子・父子福祉施設」「費用」「雑則」，その他を規定している．

第 3 節　　その他の主要な法律

1.　障害者基本法

「障害者基本法」は，すべての国民が，障害の有無にかかわらず，等しく基本的人権を享有するかけがえのない個人として尊重されるものであるとの理念にのっとり，すべての国民が，障害の有無によって分け隔てられることなく，相互に人格と個性を尊重し合いながら共生する社会を実現するため，

障害者の自立及び社会参加の支援等のための施策に関し，基本原則を定め，国，地方公共団体等の責務を明らかにするとともに，障害者の自立及び社会参加の支援等のための施策の基本となる事項を定めることにより，障害者の自立，社会参加の支援等のための施策を総合的かつ計画的に推進することを目的としている（第 1 条）．国及び地方公共団体は，障害者の自立及び社会参加の支援等のための施策を総合的かつ計画的に実施する責務を有する（第6 条）．また，政府は，障害者のための施策に関する基本的な計画である「障害者基本計画」を策定しなければならない．都道府県は，「都道府県障害者計画」を策定しなければならない．市町村は，「市町村障害者計画」を策定しなければならない（第 11 条）．この法律は，「総則」の他，「障害者の自立及び社会参加の支援等のための基本的施策」（医療，介護，年金，教育，療育，職業相談，雇用の促進，住宅の確保，公共的施設のバリアフリー化等）「障害の原因となる傷病の予防に関する基本的施策」「障害者政策委員会等」を規定している[2]．

2. 障害者の日常生活及び社会生活を総合的に支援するための法律

　この法律は，障害者基本法の基本的な理念にのっとり，障害者及び障害児が基本的人権を享有する個人としての尊厳にふさわしい日常生活，社会生活を営むことができるよう，必要な障害福祉サービスに係る給付，地域生活支援事業，その他の支援を総合的に行い，障害者及び障害児の福祉の増進を図るとともに，障害の有無にかかわらず，国民が相互に人格と個性を尊重し，安心して暮らすことのできる地域社会の実現に寄与することを目的としている（第 1 条）．この法律は，「総則」の他，「自立支援給付」（介護給付費，特例介護給付費，訓練等給付費，特例訓練等給付費，特定障害者特別給付費，特例特定障害者特別給付費の支給，地域相談支援給付費，特例地域相談支援給付費，計画相談支援給付費，特例計画相談支援給付費の支給，自立支援医療費，療養介護医療費，基準該当療養介護医療費の支給，補装具費の給付，高額障害福祉サービス等給付費の支給）「地域生活支援事業」「事業及び施設」「障害福祉計画」

（市町村障害福祉計画，都道府県障害福祉計画）「費用」「国民健康保険団体連合会の障害者総合支援法関係業務」「審査請求」「雑則」，その他を規定している．

3. 精神保健及び精神障害者福祉に関する法律

　この法律は，障害者基本法の基本的な理念にのっとり，精神障害者の権利の擁護を図り，その医療及び保護を行い，障害者の日常生活及び社会生活を総合的に支援するための法律と相まって，その社会復帰の促進及び自立と社会経済活動への参加の促進のために必要な援助を行い，その発生の予防，その他国民の精神的健康の保持及び増進に努めることによって，精神障害者の福祉の増進及び国民の精神保健の向上を図ることを目的としている（第1条）．都道府県は，精神保健の向上及び精神障害者の福祉の増進を図るための機関（精神保健福祉センター）を置くものとする（第6条）．この法律は，「総則」の他，「精神保健福祉センター」「地方精神保健福祉審議会及び精神医療審査会」「精神保健指定医，登録研修機関，精神科病院及び精神科救急医療体制」「医療及び保護」「保健及び福祉」「精神障害者社会復帰促進センター」「雑則」を規定している．

4. 介護保険法

　「介護保険法」は，加齢に伴って生ずる心身の変化に起因する疾病等により要介護状態となり，入浴，排せつ，食事等の介護，機能訓練並びに看護及び療養上の管理，その他の医療を要する者等について，尊厳を保持し，その有する能力に応じ自立した日常生活を営むことができるよう，必要な保健医療サービス及び福祉サービスに係る給付を行うため，国民の共同連帯の理念に基づき介護保険制度を設け，保険給付等に関して必要な事項を定め，国民の保健医療の向上及び福祉の増進を図ることを目的としている（第1条）．市町村及び特別区は，介護保険の「保険者」である．市町村及び特別区は，この法律の定めるところにより，介護保険を行うものとする（第3条）．国

は，介護保険事業の運営が健全かつ円滑に行われるよう保健医療サービス及び福祉サービスを提供する体制の確保に関する施策，その他の必要な各般の措置を講じなければならない．都道府県は，介護保険事業の運営が健全かつ円滑に行われるように，必要な助言及び適切な援助をしなければならないことになっている（第 5 条）．同法は，「総則」の他，「被保険者」「介護認定審査会」「保険給付」「介護支援専門員並びに事業者及び施設」「地域支援事業等」「介護保険事業計画」（市町村介護保険事業計画，都道府県介護保険事業支援計画）「費用等」「審査請求」「罰則」等について規定している[3]．

5.　地域保健法

「地域保健法」は，地域保健対策の推進に関する基本指針，保健所の設置，その他地域保健対策の推進に関し基本となる事項を定めることにより，母子保健法，その他の地域保健対策に関する法律による対策が地域において総合的に推進されることを確保し，地域住民の健康の保持及び増進に寄与することを目的としている（第 1 条）．市町村は，当該市町村が行う地域保健対策が円滑に実施できるように，必要な施設の整備，人材の確保及び資質の向上等に努めなければならない．都道府県は，当該都道府県が行う地域保健対策が円滑に実施できるように，必要な施設の整備，人材の確保及び資質の向上，調査及び研究等に努めるとともに，市町村に対し，責務が十分に果たされるように，必要な技術的援助を与えることに努めなければならない．国は，地域保健に関する情報の収集，整備及び活用，調査及び研究，地域保健対策に係る人材の養成及び資質の向上に努めるとともに，市町村及び都道府県に対し，責務が十分に果たされるように必要な技術的，財政的援助を与えることに努めなければならない（第 3 条）．この法律は，「総則」「地域保健対策の推進に関する基本指針」「保健所」「市町村保健センター」「地域保健対策に係る人材の確保」「地域保健に関する調査及び研究並びに試験及び検査に関する措置」「罰則」を規定している．

6.　母子保健法

　「母子保健法」は，母性並びに乳児及び幼児の健康の保持及び増進を図るため，母子保健に関する原理を明らかにするとともに，母性並びに乳児及び幼児に対する保健指導，健康診査，医療，その他の措置を講じ，国民保健の向上に寄与することを目的としている（第 1 条）．国及び地方公共団体は，母性並びに乳児及び幼児の健康の保持及び増進に努めなければならない（第 5 条）．この法律において「妊産婦」とは，「妊娠中又は出産後 1 年以内の女子」をいう．「乳児」とは，「1 歳に満たない者」をいう．「幼児」とは，「満 1 歳から小学校就学の始期に達するまでの者」をいう（第 6 条）．この法律は，「総則」の他，「母子保健の向上に関する措置」「母子保健包括支援センター」「雑則」を規定している．

7.　民生委員法

　「民生委員法」では，その任務について「社会奉仕の精神をもつて，常に住民の立場に立つて相談に応じ，及び必要な援助を行い，もつて社会福祉の増進に努めるものとする」と規定している（第 1 条）．民生委員は，市（特別区を含む）町村の区域にこれを置くことになっている（第 3 条）．民生委員は，都道府県知事の推薦によって，厚生労働大臣がこれを委嘱することになっている（第 5 条）．また，民生委員には，給与を支給しないものとし，その任期は，3 年とする（第 10 条）．また，民生委員は，その職務に関して，都道府県知事の指揮監督を受けることになっている（第 17 条）．

8.　高齢者の医療の確保に関する法律

　この法律は，国民の高齢期における適切な医療の確保を図るため，医療費の適正化を推進するための計画の作成及び保険者による健康診査等の実施に関する措置を講ずるとともに，高齢者の医療について，国民の共同連帯の理念等に基づき，前期高齢者に係る保険者間の費用負担の調整，後期高齢者に

対する適切な医療の給付等を行うために必要な制度を設け，国民保健の向上
及び高齢者の福祉の増進を図ることを目的としている（第1条）．国は，国
民の高齢期における医療に要する費用の適正化を図るための取組が円滑に実
施され，高齢者医療制度の運営が健全に行われるよう必要な各般の措置を講
ずるとともに，医療，公衆衛生，社会福祉，その他の関連施策を積極的に推
進しなければならない（第3条）．地方公共団体は，この法律の趣旨を尊重
し，住民の高齢期における医療に要する費用の適正化を図るための取組及び
高齢者医療制度の運営が適切かつ円滑に行われるよう所要の施策を実施しな
ければならない（第4条）．この法律は，「総則」「医療費適正化の推進」「前
期高齢者に係る保険者間の費用負担の調整」「後期高齢者医療制度」等を規
定している．

9.　子ども・子育て支援法

　この法律は，わが国における急速な少子化の進行並びに家族及び地域を取
り巻く環境の変化に鑑み，子ども・子育て支援給付，その他の子ども及び子
どもを養育している者に必要な支援を行い，一人一人の子どもが健やかに成
長することができる社会の実現に寄与することを目的としている（第1条）．
この法律の基本理念として，子ども・子育て支援は，父母，その他の保護者
が子育てについての第一義的責任を有するという基本的認識の下に，家庭，
学校，地域，職域，その他の社会のあらゆる分野における全ての構成員が，
各々の役割を果たすとともに，相互に協力して行われなければならない（第
2条）．この法律において，「子ども」とは，「18歳に達する日以後の最初の
3月31日までの間にある者」をいい，「小学校就学前子ども」とは，「子ど
ものうち小学校就学の始期に達するまでの者」をいう（第6条）．また，「子
ども・子育て支援」とは，「全ての子どもの健やかな成長のために適切な環
境が等しく確保されるよう，国若しくは地方公共団体又は地域における子育
ての支援を行う者が実施する子ども及び子どもの保護者に対する支援」をい
う（第7条）．この法律は，「総則」「子ども・子育て支援給付」「特定教育・

保育施設及び特定地域型保育事業者並びに特定子ども・子育て支援施設等」
「地域子ども・子育て支援事業」「子ども・子育て支援事業計画」（市町村子
ども・子育て支援事業計画，都道府県子ども・子育て支援事業支援計画）
「費用等」「市町村等における合議制の機関」「雑則」を規定している．

10.　社会福祉士及び介護福祉士法

　この法律は，社会福祉士及び介護福祉士の資格を定めて，その業務の適正
を図り，社会福祉の増進に寄与することを目的としている（第 1 条）．この
法律において，「社会福祉士」とは「社会福祉士の名称を用いて，専門的知
識及び技術をもつて，身体上若しくは精神上の障害があること又は環境上の
理由により日常生活を営むのに支障がある者の福祉に関する相談に応じ，助
言，指導，福祉サービスを提供する者又は医師その他の保健医療サービスを
提供する者その他の関係者との連絡及び調整その他の援助を行うことを業と
する者」をいう（第 2 条第 1 項）．また，「介護福祉士」とは，「介護福祉士の
名称を用いて，専門的知識及び技術をもつて，身体上又は精神上の障害があ
ることにより日常生活を営むのに支障がある者につき心身の状況に応じた介
護を行い，並びにその者及びその介護者に対して介護に関する指導を行うこ
とを業とする者」をいう（第 2 条第 2 項）．この法律は，社会福祉士・介護福
祉士の義務として，「誠実義務」（第 44 条の 2），「信用失墜行為の禁止」（第
45 条），「秘密保持義務」（第 46 条），「連携」（第 47 条），「資質向上の責務」
（第 47 条の 2），「名称の使用制限」（第 48 条）等を規定している．

11.　精神保健福祉士法

　この法律は，精神保健福祉士の資格を定めて，その業務の適正を図り，精
神保健の向上及び精神障害者の福祉の増進に寄与することを目的としている
（第 1 条）．この法律において，「精神保健福祉士」とは，「精神保健福祉士の
名称を用いて，精神障害者の保健及び福祉に関する専門的知識及び技術をも
って，精神科病院その他の医療施設において，精神障害者の医療を受け，又

は精神障害者の社会復帰の促進を図ることを目的とする施設を利用している者の地域相談支援の利用に関する相談その他の社会復帰に関する相談に応じ，助言，指導，日常生活への適応のために必要な訓練その他の援助を行うことを業とする者」をいう（第2条）．この法律は，精神保健福祉士の義務として，「誠実義務」（第38条の2），「信用失墜行為の禁止」（第39条），「秘密保持義務」（第40条），「連携等」（第41条），「資質向上の責務」（第41条の2），「名称の使用制限」（第42条）等を規定している[4]．

注
1）井村圭壯「社会福祉の法律と行政組織」『社会福祉の理論と制度』勁草書房，2010年，pp. 38-39.
2）同上書，p. 47.
3）同上書，pp. 46-47.
4）同上書，pp. 43-44.

参考文献
井村圭壯・相澤譲治編著『社会福祉の理論と制度』勁草書房，2010年
井村圭壯・相澤譲治編著『社会福祉の基本と課題』勁草書房，2015年
社会福祉法令研究会編集『新版　社会福祉法の解説』中央法規出版，2022年
山田晋『社会福祉法入門』法律文化社，2022年
児玉安司『医療と介護の法律入門』岩波書店，2023年

第4章　社会福祉の制度と実施体系

第1節　社会福祉の行財政

1. 社会福祉を支える行政の仕組みと役割

（1）　国における組織

1）　厚生労働省

　社会福祉に関する国の中心的な行政機関は，厚生労働省である．厚生労働省は「国民生活の保障・向上」と「経済の発展」を目指すために，社会福祉，社会保障，公衆衛生の向上・増進と，働く環境の整備，職業の安定・人材の育成の総合的・一体的推進，少子高齢化，男女共同参画，経済構造の変化などに対応し，社会保障政策と労働政策の一体的推進を担う機関である[1]．

　また，厚生労働省の組織（内部部局）に注目すると，主に「社会・援護局（障害保健福祉部を含む）」や「老健局」が社会福祉に関する事務を担当しており，それらの所管事務は，以下に示す通りである．

《組織の名称：社会・援護局》

　社会・援護局は社会福祉法人制度，福祉に関する事務所，共同募金会，社会福祉事業に従事する人材の確保やボランティア活動の基盤整備など，社会福祉の各分野に共通する基盤制度の企画や運営を行うとともに，生活保護制度の企画や運営，ホームレス対策，消費生活協同組合に対する指導など，幅広く社会福祉の推進のための施策を行っている．また，先の大戦の戦没者の慰霊，その遺族や戦傷病者に対する医療や年金の支給などを行うとともに，中国残留邦人の帰国や定着自立の援護なども実施している[2]．

《組織の名称：老健局》

　高齢社会を迎えるわが国において，高齢者が住み慣れた地域で安心して暮らし続けることができるよう，介護保険制度（介護を必要とする状態になってからもできる限り自宅や地域で自立した日常生活を営むことができるよう，必要な介護サービスを提供する仕組み）をはじめとする高齢者介護・福祉施策を推進している[3]．

　なお，2023（令和5）年4月1日より，それまで厚生労働省の内部部局の1つに位置づけられていた「子ども家庭局」の事務は「こども家庭庁」に移管されている．

2）　こども家庭庁

　既述の通り，少子化対策の企画立案をはじめ，子育て支援サービスの充実，児童虐待防止と社会的養育の推進，ひとり親家庭への総合的な支援，母子の健康づくりに関わっていた厚生労働省における旧「子ども家庭局」の事務は2023（令和5）年4月1日に発足した「こども家庭庁」に移管されている．

　「こども家庭庁」の設置の背景に触れておくと，歯止めがかからない少子化問題をはじめ，児童虐待相談対応件数の増加にみられる児童虐待問題や子どもの貧困問題等が深刻化しており，子どもの健やかな成長に影響を及ぼす諸問題にスピーディーに対応することが求められている．それを受け，それまで子どもの健やかな成長に係る施策に厚生労働省はじめ，文部科学省や内閣府といったさまざまな国の省庁が各々取り組んできた状況を見直し，それを一本化する形で，子どもに関する取組み・政策を国の真ん中に据え（「こどもまんなか社会」）子どもの健やかな成長を社会全体で後押しするための新たな司令塔として，内閣府の外局に「こども家庭庁」が設置された．

　こども家庭庁の内部組織は，「長官官房（企画立案・総合調整部門）」「成育局」及び「支援局」の1官房2局体制となっている．

　「長官官房（企画立案・総合調整部門）」については，子どもの視点・子育て当事者の視点に立った政策の企画立案，総合調整をはじめ，必要な支援を

図4-1 社会福祉の実施体制

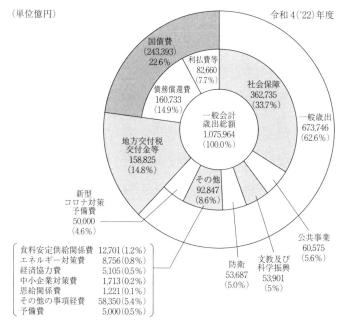

（単位億円）

令和4（'22）年度

国債費
（243,393）
22.6%

利払費等
82,660
（7.7%）

債務償還費
160,733
（14.9%）

社会保障
362,735
（33.7%）

一般会計
歳出総額
1,075,964
（100.0%）

一般歳出
673,746
（62.6%）

地方交付税
交付金等
158,825
（14.8%）

新型
コロナ対策
予備費
50,000
（4.6%）

その他
92,847
（8.6%）

公共事業
60,575
（5.6%）

食料安定供給関係費　12,701（1.2%）
エネルギー対策費　8,756（0.8%）
経済協力費　5,105（0.5%）
中小企業対策費　1,713（0.2%）
恩給関係費　1,221（0.1%）
その他の事項経費　58,350（5.4%）
予備費　5,000（0.5%）

防衛
53,687
（5.0%）

文教及び
科学振興
53,901
（5%）

資料　財務省
注　1）　計数については，それぞれ四捨五入によっているので，端数において
　　　　合計とは合致しないものがある．
　　2）　一般歳出（歳出総額から国債費および地方交付税交付金等を除いた経
　　　　費）における社会保障関係費の割合は53.8%.
　　3）　基礎的財政収支対象経費（歳出総額のうち国債費の一部を除いた経
　　　　費．当年度の政策的経費を表す指標）は，837,166億円（77.8%）.

出典：『国民の福祉と介護の動向 2022/23』図1 社会福祉の実施体制，p.89.

必要な人に届けるための情報発信や広報等，データ・統計を活用したエビデンスに基づく政策立案と実践，評価，改善を主な事務としている．また「成育局」は妊娠・出産の支援，母子保健，成育医療等，就学前のすべての子どもの育ちの保障，相談対応や情報提供の充実，すべての子どもの居場所づくり，子どもの安全，さらに「支援局」ではさまざまな困難を抱える子どもや家庭に対する年齢や制度の壁を克服した切れ目のない包括的支援や社会的養護の充実及び自立支援，子どもの貧困対策，ひとり親家庭の支援，障がい児支援を主な事務としている．とりわけ前項の厚生労働省から移管された事務

について触れておくと，子ども家庭局が所轄していた事務（婦人保護事業を除く）や障害保健福祉部が所轄する障がい児支援に関する事務がそれに該当する．

（2）　地方公共団体における組織

　都道府県ごとにその名称はさまざまであるが，社会福祉に関する事務部局が設置されている．また，各都道府県知事の下に，同じく社会福祉に関する専門機関として福祉事務所をはじめ，児童相談所，身体障害者更生相談所，知的障害者更生相談所，婦人相談所，精神保健福祉センターが置かれている．なお，これらの概要については，次節の社会福祉の機関の部分で後述する．

　政令指定都市及び中核市については，社会福祉に関して都道府県とほぼ同様の事務を処理することができるので，一部の例外を除いて，都道府県とほぼ同様の組織体系となっている．

2．社会福祉における財政

　まず，財政についての基本的な考え方を示しておく．人々が健康で文化的な生活をおくるうえでは，利潤を追求する民間企業が提供するサービスだけでは，そのような生活を維持することは難しく，民間の経済活動で創出することが困難な公的サービスや公共施設が必要となる．公的サービスや公共施設は税金等の財源から賄われることになり，財政とはこうした公的サービス等を提供するためのお金を管理し，必要に応じて支払っていく活動であり，国や地方公共団体の経済活動のことを指す．

　ここでは，2022（令和 4）年度の一般会計歳出の構成を中心に確認する．

　2022（令和 4）年度一般会計歳出総額は 107 兆 5964 億円となっており，2019（令和元）年度にはじめて歳出総額が 100 兆を超えたことを鑑みると，4 年連続でこうした事態が続いている．歳出総額が膨らんでいる背景には，「防衛費」や「予備費」の増額があげられるが，これらに加えて「社会保障費」の増額が関係している．とりわけこの「社会保障費」について着目する

図 4-2　一般会計歳出の構成

資料　1) 厚生労働省社会・援護局調べ（令和 4 年 4 月 1 日）, 2) 厚生労働省子ども家庭局調べ（令和 4 年 4 月）, 3) 厚生労働省「福祉行政報告例」（参考表）（令和 2 年度末）, 4) 厚生労働省老健局調べ（令和 3 年 4 月末）, 5) 厚生労働省「社会福祉施設等調査報告」（基本票）（令和 2 年 10 月 1 日）, 6) 厚生労働省「介護サービス施設・事業所調査」（基本票）（令和 2 年 10 月 1 日）, 7) 社会福祉振興・試験センター調べ（令和 4 年 3 月末登録者数）, 8) 厚生労働省「社会福祉施設等調査報告」（詳細票）（令和 2 年 10 月 1 日）, 9) 厚生労働省「社会福祉施設等調査報告」「介護サービス施設・事業所調査」（介護保険施設・地域密着型介護老人福祉施設）「医療施設（静態・動態）調査・病院報告」における常勤換算従事者数を合算（令和 2 年 10 月 1 日）, 10) 厚生労働省「福祉行政報告例」（令和 2 年度末）, 11) 厚生労働省「令和 3 年版厚生労働白書」（令和 2 年 4 月）

注　　児童相談所は政令指定都市・中核市・特別区にも設置されている. また, 身体障害者更生相談所と知的障害者更生相談所は, 政令指定都市において設置しているところもある.

出典：『国民の福祉と介護の動向 2022/2023』図 4 一般会計歳出の構成, p.94.

と 36 兆 2735 億円となっており, 2022（令和 4）年度厚生労働省予算案の社会保障関係費の内訳では, 年金が 12.7 兆円, 医療が 12.2 兆円, 介護が 3.6 兆円, 福祉等が 4.6 兆円となっている.

第 2 節　社会福祉の機関

　ここでは, 前節で取り上げた「福祉事務所」「児童相談所」「身体障害者更生相談所」「知的障害者更生相談所」「婦人相談所」「精神保健福祉センター」といった社会福祉に関する公的機関の概要について説明した後, 民間の社会

福祉の機関として社会福祉協議会並びに地域包括支援センターを取り上げる.

1. 社会福祉の公的機関

(1) 福祉事務所

「社会福祉法」第14条に規定されている「福祉に関する事務所」である.都道府県及び市（特別区を含む）に設置が義務づけられている（町村は任意設置）.福祉六法（「生活保護法」「児童福祉法」「母子及び父子並びに寡婦福祉法」「老人福祉法」「身体障害者福祉法」「知的障害者福祉法」）に定める援護,育成又は更生の措置に関する事務を所管する.

(2) 児童相談所

「児童福祉法」第12条に基づき,各都道府県や政令指定都市等に設けられた児童福祉の専門機関である.18歳未満の子どもに関する問題について広く相談に応じ,子どもの最善の利益を図るために,必要な援助を行う.

(3) 身体障害者更生相談所

「身体障害者福祉法」第11条に基づき身体障がい者の社会復帰に向けて,本人や家族に対する専門的相談に応じるほか,医学的,心理学的,職能的な判定業務,市町村に対しての専門的知見からの技術的援助,さらに補装具の適合判定及び処方等の業務を行う機関である.

(4) 知的障害者更生相談所

「知的障害者福祉法」第12条に基づき知的障がい者が抱える問題について,家族等から専門的相談に応じ,医学的,心理学的,職能的な判定業務を行う.また市町村に対しての専門的知見からの技術的援助も行う機関である.

(5) 婦人相談所

「売春防止法」第34条に基づいて,各都道府県に設置されている相談機関

である．婦人保護事業の中で女性に関するさまざまな相談に応じ，2001（平成 13）年 4 月成立の「配偶者からの暴力の防止及び被害者の保護等に関する法律」によって，配偶者暴力相談支援センターの機能を担う機関として位置づけられている．

（6）　精神保健福祉センター

「精神保健及び精神障害者福祉に関する法律」第 6 条に基づいて，都道府県や指定都市に設置されている精神保健及び精神障害者の福祉に関する知識の普及，調査研究，相談及び指導を行う機関である．

2.　社会福祉の民間機関

（1）　社会福祉協議会

ここでは，社会福祉の民間の機関に代表される社会福祉協議会並びに地域包括支援センターを取り上げる．

まず，社会福祉協議会であるが，社会福祉活動を推進することを目的とする民間組織であり，全国，各都道府県，各市町村単位で組織されており，多様な社会福祉関係者とネットワークを組み，地域の福祉推進の中核機関としての役割を担いながら，多様な福祉活動を展開している．市町村社会福祉協議会，都道府県社会福祉協議会，全国社会福祉協議会に係る説明については以下の通りである．

1）　市町村社会福祉協議会

市町村社会福祉協議会は，「社会福祉法」第 109 条に規定されている民間組織である．一又は同一都道府県内の二以上の市町村の区域内において社会福祉を目的とする事業の企画及び実施，社会福祉に関する活動への住民の参加のための援助，社会福祉を目的とする事業に関する調査，普及，宣伝，連絡，調整及び助成といった活動に取り組み，地域福祉の推進を図ることを目的としている．

2)　都道府県社会福祉協議会

　都道府県社会福祉協議会は,「社会福祉法」第 110 条に規定されている民間組織である. 広域的な見地から各市町村に通じる社会福祉を目的とする事業を行うことが適切と判断される場合の事業の企画や実施をはじめ, 社会福祉を目的とする事業に従事する者の養成及び研修, さらには社会福祉を目的とする事業の経営に関する指導及び助言, 市町村社会福祉協議会の相互の連絡及び事業の調整等の活動に取り組んでおり, 既述の市町村社会福祉協議会と同じく, 地域福祉の推進を図ることを目的としている.

3)　全国社会福祉協議会

　全国社会福祉協議会は,「社会福祉法」第 111 条に規定されている民間組織で, 110 条にある都道府県社会福祉協議会の連合会として, 全国レベルに設置されている. 社会福祉制度の改善にむけた取り組みをはじめ, 社会福祉に関連する雑誌や図書の発刊, 福祉人材の養成や研修等にも取り組み, 全国的な視野から社会福祉の増進に取り組む民間組織である.

(2)　地域包括支援センター

　地域包括支援センター (以下,「センター」) は,「介護保険法」第 115 条の 46 第 1 項に規定されており, 地域住民の心身の健康の保持及び生活の安定のために必要な援助を行うことにより, その保健医療の向上及び福祉の増進を包括的に支援することを目的とする機関である. センターの設置主体は市町村であり, 保健師・社会福祉士・主任介護支援専門員といった専門職が配置されており, 2022 (令和 4) 年 4 月末時点で, 全国に 5404 のセンターが設置されている.

　わが国における 65 歳以上の人口は, 今後も増え続け, 2042 年には, 約 3900 万人でピークに達する. とりわけ, 団塊の世代が 75 歳以上となる 2025 (令和 7) 年以降は, 国民の医療及び介護に関する需要は, さらに増加すると予想される.

　こうした背景を踏まえ，厚生労働省は，2025（令和7）年を目途に，高齢者の尊厳の保持と自立生活の支援を目的として，重度な要介護状態となっても可能な限り，これまで住み慣れた地域で，自分らしい暮らしを人生の最後まで続けることができるよう，住まい・医療・介護・予防・生活支援が一体的に提供される地域包括ケアシステムの構築を推し進めている．センターは，こうした地域包括ケア実現に向けた中核的な機関として位置づけられている．

第3節　社会福祉の施設

　高齢者やハンディキャップを抱える者，また子どもや生活困窮者といった社会福祉サービスを必要としている人々の福祉の増進を図ることを目的とする施設が社会福祉施設である．

　厚生労働省による「令和3年社会福祉施設等調査の概況」を踏まえると，2021（令和3）年10月1日時点において，保護施設，老人福祉施設，障害者支援施設等，身体障害者社会参加支援施設，婦人保護施設，児童福祉施設，母子・父子福祉施設，その他社会福祉施設等の施設総数は8万2611施設となっており，施設利用者の総数は，368万5856人という状況である．加えて，施設従事者数は121万4854人である[4]．

　社会福祉施設の運営においてはサービスの利用者と施設間の契約に基づき行われる利用契約制度によるものや，措置権者の措置によって要援護者を社会福祉施設に入所させる措置方式等に分類されており，運営主体のなかでも大きな役割を担っている法人種別が社会福祉法人である．

　社会福祉法人とは「社会福祉法」の規定に基づいて，社会福祉事業を行うことを目的として所轄庁都道府県知事又は市長（法人の行う事業が2以上の地方厚生局の区域にわたった上で，特定の要件を満たす法人は厚生労働大臣）の認可を受け，設立される法人を指す．

　ここでいう「社会福祉事業」とは，社会福祉法第2条に定められている第一種社会福祉事業及び第二種社会福祉事業をいう．第一種社会福祉事業に規

定される主な社会福祉施設を紹介すると，特別養護老人ホームや児童養護施設，障害者支援施設，救護施設等が挙げられる．また第二種社会福祉事業に規定される主な社会福祉施設は保育所や訪問介護や通所介護，短期入所サービスを提供する施設を挙げることができる．また社会福祉法人はこれら社会福祉事業に加えて，公益事業や収益事業を行うことも可能であり，有料老人ホームや子育て支援事業，介護予防事業を行う場合は公益事業に位置づけられる．

　なお，社会福祉基礎構造改革以降は，それまで福祉サービス提供の主たる担い手が公的機関や社会福祉法人に限定されていた状況が一変し，一定の要件を満たせば株式会社や特定非営利活動法人など多様な福祉サービス提供主体の参入が認められることとなり，利用者の幅広い福祉需要に応えられる福祉サービス提供体制の整備が図られた．

注

1）厚生労働省ホームページ「厚生労働省について」
　　https://www.mhlw.go.jp/kouseiroudoushou/index.html（2023 年 8 月 23 日閲覧）.

2）厚生労働省ホームページ「厚生労働省について（主な仕事（所掌事務）―社会・援護局）」
　　https://www.mhlw.go.jp/content/001083337.pdf（2023 年 8 月 23 日閲覧）.

3）厚生労働省ホームページ「厚生労働省について（主な仕事（所掌事務）―老健局）」
　　https://www.mhlw.go.jp/content/000701467.pdf（2023 年 8 月 23 日閲覧）.

4）厚生労働省「令和 3 年社会福祉施設等調査の概況（結果の概要―1. 施設の状況）」
　　https://www.mhlw.go.jp/toukei/saikin/hw/fukushi/21/dl/kekka-kihonhyou01.pdf（2023 年 8 月 23 日閲覧）.

参考文献

井村圭壯・今井慶宗編著『社会福祉の基本体系（第 5 版）』勁草書房，2017 年

井村圭壯・武藤大司編著『社会福祉の制度と課題』学文社，2015 年

井村圭壯・今井慶宗編著『社会福祉の拡大と形成』勁草書房，2019 年

井村圭壯・今井慶宗編著『社会福祉の形成と展開』勁草書房，2019 年

第5章　社会福祉の民間活動

第1節　社会福祉の民間活動とは

1. 民間活動の意義と目的

　社会福祉の領域での民間活動は，行政や公的機関とは異なり，主に個人や NPO，社会的団体，企業の CSR（企業の社会的責任）活動などが主導する福祉に関する取り組みを指す．これには，ボランティア活動，福祉サービスの提供，啓発活動，資金集めなどが含まれ，多岐にわたる活動が展開されている．

　多くの組織は宗教や共同体の価値観を背景にしており，住民が直接参加する活動は，サービスの提供だけでなく，福祉に対する意識の高まりや地域社会の絆を深める役割も果たしている．さらに，これらの民間活動は，政策の改善や新しいアプローチを提案し，行政の変革を促進する場合もある．

　このような民間主導の福祉活動は，物質的な豊かさだけでは測れない価値を社会にもたらしており，新たな福祉社会の形成に欠かせないとみられている．

2. 福祉サービスと民間活動の関係

　福祉サービスの多元化は，人々の多様な生活様式や価値観に合わせ，さまざまなサービスを提供する．現代社会のニーズの多様性に応えるため，一律のサービスだけでは困難で，柔軟な制度が求められている．このような状況から，公的機関だけではなく民間の力も取り入れられるようになり，サービ

スの質や効率の向上が期待されている．多岐にわたる提供者の参入により，資源の効果的な活用や新しいサービスの創出が促進されている．

　サービスの提供においては，①中央や地方政府を中心とした公共部門，②家族や友人の援助を担うインフォーマル部門，③利益追求をしないNPOなどの民間非営利部門，そして④企業活動を通じた民間営利部門が存在している．

　各部門には独自の特色と問題点が存在する．公共部門には，コストの高さや効率的な運用に関する課題が浮上している．一方，インフォーマル部門では，家族のサポートには限界があるという認識が増えてきた．福祉サービスを効果的に提供するためには，公共部門だけでなく，各部門が連携し，サービスの調整や適切な組織を構築する必要がある．

第2節　民間の社会福祉活動の内容

1. 社会福祉における民間ボランティア

　ボランティア活動は，原則無償で行われ，社会の問題解決や支援を目的とする活動とされている．これに参加することで，人々はより社会に貢献する意識を高めることができる．ボランティアの形は多岐にわたり，例として，高齢者や障がい者のサポート，児童施設での交流，環境保全活動や海外支援などがあげられる．

　日本においては，ボランティア活動の推進は主に社会福祉協議会が中心となって行われている．地域の福祉をサポートするため，市町村社会福祉協議会ではボランティアのサポート施設が整備されており，専門のコーディネーターも配置されている．全国にはボランティア活動をサポートするセンターも設けられている．また，ボランティア活動の財源として，「ボランティア基金」が設立され，1985（昭和60）年以降，日本全国で普及が進んでいる．

2. NPO（非営利組織）

　NPO（非営利組織・Non-Profit Organization）は，利益追求を目的としない，社会的問題解決に焦点を当てた団体である．NPO 法人は，社会福祉，教育，環境保全など多くの分野で活動が可能である．

　主な目的は，各種問題を解決し，状況を改善する．阪神淡路大震災後にボランティアの需要が高まったことを受け，1998（平成 10）年 12 月に「特定非営利活動促進法（NPO 法）」が施行され，この法に基づき「NPO 法人」が設立された．この法律は，NPO 法人の性質，活動範囲，税制上の特典などを規定している．

　NPO 法人の特徴として，一般企業のように利益を分配することはできない．しかし，寄付や会費を主な収入源とし，必要な資金を確保できる．これらの資金は，NPO の目的達成に使用される．NPO 法人の強みは，地域との密接な関わりと柔軟性である．市民や地域住民と協力して質の高い福祉サービスを提供し，地域の質を向上させる．また，運営の詳細や資金使用状況を公開することが一般的で，これが組織の信頼性を高めている．2023（令和 5）年時点で，日本には約 5 万の NPO 法人が存在している[1]．

3. NGO（非政府組織）

　NGO（非政府組織・Non-Governmental Organization）は，政府や国際機関から独立した民間の非営利団体として，貧困，紛争，環境問題などの国際的課題の解決を目的として活動している．国連も NGO の重要性を認識し，1945（昭和 20）年に制定された「国連憲章」第 71 条に基づき，経済社会理事会を通じて特定の NGO を認定する制度を有している．認定された NGO には，オブザーバーとして国連の専門分野の会議に参加する資格が与えられる．国際的には，国際赤十字，国境なき医師団，国際アムネスティなど多くの NGO が，人道支援活動を行い，広く認知されている．

　日本にも活動的な NGO が多く存在し，例として，「日本国際ボランティ

アセンター」が途上国での支援を行っている一方，「セーブ・ザ・チルドレン・ジャパン」は世界の子どもたちの権利向上を目的としている．これらの団体は，各々の視点から国際社会に重要な役割を果たしており，その活動は今後も注目される．

4.　社会福祉法人

　社会福祉法人とは，社会の福祉を目的とする非営利の団体で，「社会福祉法」（第 22 条）の定義に基づき設立される組織である．社会福祉事業で，高齢者や障がい者など，日常生活で支援が必要な人々に，生活の質向上のためのサービスや施策が提供される．

　具体的には，第 1 種や第 2 種の社会福祉事業として，施設入所時の保護・支援サービスや在宅生活のサポートサービスが実施されている．公益事業としての社会福祉法人は公益追求の活動を行い，社会福祉事業以外の活動として，在宅支援や介護施設の運営など，多様な福祉関連のサービスがある．収益事業として法人の施設や資産の活用による経済的な収益活動があり，その収入は，他の福祉事業や公益事業の資金としても使われることがある．

　少子高齢化が進行するなか，日本では地域の福祉課題への施策やサービス提供が非常に重要である．そのため，これらの法人の活動は地域社会にとって欠かせないものとなっている．

5.　社会福祉協議会

　社会福祉協議会（略称：社協）は，地域社会での福祉推進を目的とし，「福祉のまちづくり」を実現する組織である．この組織は，「社会福祉法」に基づき，市区町村（第 109 条），都道府県（110 条），全国に設置される地域福祉の推進を目指す団体として規定されている．組織構成，設立，目的，管理運営などの基本枠組みは，「新・社会福祉協議会基本要項」で全国的に定められている．

　主な活動には，共同募金の公正運用，福祉関連の調査・研究，情報共有や

各団体との連携がある．地域の福祉ニーズ調査やサービス提供では地域住民との連携が必要であり，市町村の協議会の役割は大変重要である．

2023（令和5）年現在，日本には67の都道府県・政令指定都市社協と，1825の市区町村社協がある[2]．社協は，自らのネットワークやリソースを用い，地域住民の生活の質向上や福祉の充実に努めている．

6.　共同募金

共同募金とは，「社会福祉法」（第112条）で，「都道府県の区域を単位として，毎年一回，厚生労働大臣の定める期間内に限つてあまねく行う寄附金の募集であつて，その区域内における（中略）社会福祉事業，更生保護事業その他の社会福祉を目的とする」と位置づけられている．

共同募金運動は，地域福祉の拡充を志す住民参加の募金活動で，10月から3月まで多数の人の参加が見られる．募金方法は家庭や企業，学校，公の場所での街頭募金といった形があり，最近ではネットを使った募金や，企業の社会参加としての職場募金の活動も見られる．「歳末たすけあい運動」は年末に地域住民の協力を得て，充実した年を越せるようさまざまな福祉活動を行っている．集められた募金は，準保護家庭や障がい者，高齢者の援助として使われる．1947（昭和22）年に市民主導で始まった「赤い羽根の募金」としても広く知られ，活動を通じて地域住民の助け合いや協力の心が育まれる．

7.　民生委員・保護司

民生委員として，市区町村に配置される民生委員は，「民生委員法」（第1条）に基づき「民生委員は，社会奉仕の精神をもつて，常に住民の立場に立つて相談に応じ，及び必要な援助を行い，もつて社会福祉の増進に努めるものとする」と位置づけられている．

任期は3年で，地域の福祉や生活支援に関する活動を展開する．「児童福祉法」での児童委員の役目も持ち，地域住民と行政のつながりや調整の仲介

を務めている．活動内容として，地域住民向けの生活相談や支援の案内，福祉や安全対策に関するイベントや講座への参加を促進し，福祉の計画策定やボランティアの推進，住民の福祉意識の向上を志す取り組みを行う．

　これらの取り組みは，民生委員が地域で築いた信用やつながりを利用して，地域福祉の向上や住民の生活のクオリティの拡充へとつながる．公の役目と民間の活動の均衡を保ちつつ，民生委員は地域の福祉を支える役割で大きく貢献する．

　保護司には，「保護司法」（第1条）に基づき「社会奉仕の精神をもって，犯罪をした者の改善及び更生を助けるとともに，犯罪の予防のため世論の啓発に努め，もって地域社会の浄化をはかり，個人及び公共の福祉に寄与すること」との役割が位置づけられている．任期は2年とされ，主な活動内容として，保護観察，生活の環境整備，犯罪の予防取り組みなどがあり，全国での定員は5万2500人とされている．2019（平成31）年3月，「保護司の安全を確保する基本指針（改訂版）」や「保護司の安全確保の10の取り組み方針」が定められた．

8. 協同組合

　1956（昭和31）年，「日本協同組合連絡協議会」（後に日本協同組合連携機構へと変わる）が立ち上げられ，国際協同組合同盟（ICA）への参加や共同作業を推進してきた．協同組合とは，共通の目標に向かって個人や中小の事業者，非営利の団体などが集まり，組合のメンバーとして事業を立ち上げる形態である．共同で持ち，共同で運営する非営利，相互援助の組織となる．例として，「生活協同組合」（略称：生協）があり，消費者，つまり組合のメンバーの利益のために，質の高い商品やサービスを提供することを目的としている．一部の組合では地域の医療や福祉をサポートする目的で，在宅の介護や訪問，通所のサービスなども提供している．また，「農業協同組合」（略称：農協）も存在する．農協では，農家のサポートをメインに，農産物の集荷や出荷のサポートをはじめ，災害時の救援や復興の援助，地域住民の健康

の向上をサポートするサービスも提供している.

　これらの組織は,メンバーが中心となり運営や活動を行っているため,メンバーの意見や要望が直接取り入れられるのが特徴と言える.

9. 民間保険

　民間保険は,民間企業が行う任意保険で,損害保険と生命保険に区分される.損害保険は事故の損害を補償し,生命保険は生死関連の保険事故で金額を支給する.社会保険とは違い,すべての人が入るわけではなく,途中解約も可能になっている.

　民間保険の中のシルバーサービス市場は,高齢者向けの多様なサービスを行う場所になる.特に,民間介護保険は,介護サービスの資金サポートを果たす役目がある.これは,生命保険会社や損害保険会社,共済などの民間企業によって行われている.公的介護保険でのサービスを利用するとき,費用の一部を自ら払うことが求められる.そのため,公的保険の自己負担を軽減し,民間の介護保険が補助的に使われることが期待される.また,高齢者の資金策定や未来の生活様式を助ける金融商品として,確定拠出年金(日本版401k)やリバースモゲージなどもある.これらは利用者の安定的な生活を助ける選択肢として推奨される.

10. 民間企業の社会貢献活動

　現在,企業の社会的な役割(CSR:Corporate Social Responsibility)の視点から,社会への還元やボランティア活動は企業の評価の要因として見られ,企業が果たすべき基本的な役割と捉えられている.これは単に利益を返すだけのことから,企業が果たすべき真の役割へと考え方が変化してきたことを示している.数多くの企業が,社会への還元活動を通じてブランドの価値やイメージの向上を追求し,顧客や関係者との信頼を築く取り組みを行っている.例として,社会への支援活動として,①災害時の物資の提供や寄付,②地域のサポートや教育の取り組み,③子どもたちの福祉,医療の支援,文化

活動への資金提供などがあげられる．地域で事業を展開する中小の事業者は，社会への大きな還元活動が難しい場合，自らの資源や専門知識を活かしながら地域との共生を追求する方法を探求している．

　企業の社会への還元活動を継続させるためには，社員の意欲や提案を大切にし，そうした取組みを積極的に促進する企業の姿勢が求められる．

第3節　民間の社会福祉活動の課題

1. 活動資金・担い手の確保

　多くの民間活動は政府や企業からの補助や寄付に頼る一方，資金難に直面する団体も少なくない．民間活動の性質上，収益を上げるのは困難で，特にボランティア中心の活動では，人件費や宣伝費の確保が大きな問題となっている．活動の継続や教育の困難さは，資金問題と深く関わっている．対策として，クラウドファンディングやソーシャルビジネスモデル，会員制度の導入などが考えられている．

　また，民間団体では，ボランティア活動の特性上，専門スキルを持つ人材の確保が難しい．特定のプロジェクトの専門家が必要な場合，その費用が増えることも予想される．この人材課題に対応するため，研修や教育，若手ボランティアの募集，キャリア支援などが推奨されている．民間活動の持続性と拡大の鍵は，資金と人材の課題への対応にある．

2. 公的機関との連携

　民間活動団体は社会の多様なニーズに迅速に対応する能力を有しているが，公的機関との連携においては複数の課題を抱えている．情報の非対称性や組織文化の違いが連携の障壁となっている．さらに，公的な福祉事業と民間の活動が重複または競合する状況では，制度的な制約に直面する場合が多い．例として，NPOによるアフタースクールプログラムと政府の児童福祉サー

ビスが競合すると，民間活動の独自性や柔軟性が制約されるリスクがある．これらの課題を解決する方策として，関連する法律の検討，啓発活動の推進，行政に対する提案が進められている．法的専門家との連携も深化しており，公的機関と民間活動団体との協力をさらに強化する努力がなされている．このような取り組みにより，民間セクターは社会全体の発展に寄与すると期待されている．連携を成功させるためには，官と民の信頼と理解を一層深め，明確な協力の枠組みを確立することが求められている．

3. 民間活動の周知・理解

民間活動は，社会のさまざまなニーズやマイノリティの権利擁護に迅速に対応している．公的機関だけでは対応しにくい問題に取り組むことが多いのが特徴である．しかし，メディアや教育での情報発信が不十分であることから，人々にその価値や存在が知られていない．このため，多くの人が活動への参加を希望しても，具体的な入手方法や内容についての情報不足から実際の参加に至らないことがある．

この情報不足は，ボランティアの確保や資金調達，さらには活動そのものの推進にも影響を与える可能性がある．この問題に対応するため，より多くの人々に民間活動の重要性を理解してもらい，支援を得る必要がある．

対策として，学校での教育やメディアでの取り上げを増やすことが考えられる．また，地域の住民とのコミュニケーションを強化するためのミーティングの実施や，オンラインでの情報共有や意見交換の場を提供することも効果的である．これらの取り組みを通じて，民間活動の役割や価値を広く知らしめ，社会全体の福祉向上につなげることが期待される．

注
1) 内閣府の NPO 基礎情報によると，認証法人数 5 万 133，認定数 1237，特例認定数 38 となっており，東京・神奈川といった首都圏や，大阪・愛知・福岡などの大都市圏が多い．内閣府「NPO ホームページ」．
2) 社会福祉協議会は，市町村社会福祉協議会（1804），都道府県社会福祉協議会

(47)，政令指定都市社会福祉協議会（20），全国（1）の組織で構成されている．
社会福祉法人全国社会福祉協議会編『全社協の福祉ビジョン 2020』2020 年.

参考文献

安立清史「ボランティアの原理──非営利の可能性」『21 世紀の《想像の共同体》』弦書房，2021 年

池田和博編『社会福祉学辞典』丸善出版，2014 年

井村圭壯・今井慶宗編著『社会福祉の形成と展開』勁草書房，2019 年

大澤史伸『市民活動論　ボランティア・NPO・CSR』学文社，2022 年

九州福祉研究会『21 世紀の現代社会福祉用語辞典（第 3 版）』学文社，2022 年

経済団体連合会編『社会貢献白書』日本工業新聞社，1999 年

佐野修久『自治体クラウドファンディング』学陽書房，2022 年

柴田道子『多職種連携を高めるチームマネジメントの理解とスキル』医学書院，2011 年

富沢賢治『社会的経済セクターの分析　民間非営利組織の理論と実践』岩波書店，2016 年

内閣府『特定非営利活動法人に関する実態調査　報告書』2020 年

内閣府『平成 30 年公益法人の概況および公益認定等委員会の活動報告』2019 年

第6章　社会福祉専門職

第1節　社会福祉専門職の現状と資格制度

1.　社会福祉専門職の現状

　国は人々の生活を脅かす深刻な社会問題に対応する福祉専門職の人材確保について，社会の変容とともに質的にも量的にも対応してきた．厚生労働省等の調査によると，福祉・介護の施設・事業所で働く者の数は，2021（令和3）年においては 446 万人となり[1]，その活動領域は保健・医療，福祉，介護，教育，司法，保育など多方面にわたる．

　これら社会福祉専門職は，社会福祉に関係する多様な分野や領域で実践されている．それぞれの職種に就くための資格は，大きく分けて国家資格と任用資格に分けられる．国家資格は法律に規定されており，国家試験に合格することや養成施設で所定の課程を修了することで得られる．任用資格は，国が認めた一定の条件を満たすことによって与えられ，その職種に就いて名乗ることができる資格である．

　低所得者や生活困窮者を支援する分野で働く者としては，公的扶助を担う査察指導員，現業員（ケースワーカー），生活指導員，作業指導員，就労支援員，相談支援員などがある．

　障がい者福祉分野で働く者としては，身体障害者福祉司，知的障害者福祉司，身体障害者更生相談所ケースワーカー，生活支援員，作業指導員，職業指導員，ジョブコーチ，相談支援専門員などである．

　高齢者福祉分野で働く者としては，老人福祉指導主事，生活相談員，介護

支援専門員（ケアマネジャー），各機関などのソーシャルワーカーなどがある．

　児童福祉分野で働く者としては，児童福祉司，家庭児童福祉主事，児童指導員，児童生活支援員，職業指導員，児童自立支援専門員，家庭支援専門相談員（ファミリーソーシャルワーカー），保育士などがある．

　母子・父子福祉分野で働く者としては，母子支援員，母子・父子自立支援員，少年指導員などがある．

　医療福祉分野で働く者としては，医療ソーシャルワーカー（MSW），精神科ソーシャルワーカー（PSW）などがある．

　教育福祉分野で働く者としては，スクールソーシャルワーカー（SSW）などがある．

　司法福祉分野で働く者としては，家庭裁判所調査官，保護観察官，法務教官，婦人相談員，社会復帰調整官などがある．

　地域福祉分野で働く者としては，福祉活動指導員，福祉活動専門員，コミュニティソーシャルワーカー（CSW），日常生活自立支援事業専門員などがある．

2.　社会福祉専門職制度

　日本における社会福祉に関する国家資格として代表的なものは，社会福祉士，介護福祉士，精神保健福祉士，保育士が挙げられる．

（1）　社会福祉士

　社会福祉士とは「社会福祉士及び介護福祉士法」（1987（昭和 62）年制定）に規定されている国家資格であり，「専門的知識及び技術をもつて，身体上若しくは精神上の障害があること又は環境上の理由により日常生活を営むのに支障がある者の福祉に関する相談に応じ，助言，指導，福祉サービスを提供する者又は医師その他の保健医療サービスを提供する者その他の関係者（中略）との連絡及び調整その他の援助を行うこと（中略）を業とする者」（第 2 条第 1 項）と定められている．一般的には「ソーシャルワーカー」と呼

ばれる.

(2)　介護福祉士

介護福祉士とは「社会福祉士及び介護福祉士法」(1987 (昭和 62) 年制定)
に規定されている国家資格であり,「専門的知識及び技術をもって, 身体上
又は精神上の障害があることにより日常生活を営むのに支障がある者につき
心身の状況に応じた介護 (中略) を行い, 並びにその者及びその介護者に対
して介護に関する指導を行うこと (中略) を業とする者」(第 2 条第 2 項) と
定められている. 一般的には「ケアワーカー」と呼ばれる.

(3)　精神保健福祉士

精神保健福祉士とは「精神保健福祉士法」(1997 (平成 9) 年制定) に規定
されている国家資格であり,「精神障害者の保健及び福祉に関する専門的知
識及び技術をもって, 精神科病院その他の医療施設において精神障害の医療
を受け, 又は精神障害者の社会復帰の促進を図ることを目的とする施設を利
用している者の地域相談支援 (中略) の利用に関する相談その他の社会復帰
に関する相談に応じ, 助言, 指導, 日常生活への適応のために必要な訓練そ
の他の援助を行うこと」である (第 2 条) と定められている. 精神科領域の
福祉専門職で, 一般的に「精神科ソーシャルワーカー」と呼ばれる.

(4)　保育士

保育士とは,「児童福祉法」(2001 (平成 13) 年改正) に伴い規定された国
家資格である. その職務は「専門的知識及び技術をもって, 児童の保育及び
児童の保護者に対する保育に関する指導を行うこと」である (第 18 条の 4)
と定められている. 背景には, 時代の変遷とともに子育てにかかる支援が社
会全体で求められたことであり, 保育士の職域は社会福祉全般にわたってい
る.

第2節　社会福祉専門職の専門性と倫理

1. 社会福祉専門職に求められるもの

　社会福祉専門職が行う実践は，社会的責任を伴う支援であるという認識が必要となる．支援を必要とする人々の生活は複雑・多様な問題を抱えており，コロナ禍の影響もあって人々の生活はこれまでの状況と大きく変わることになり，極めて深刻な状況にあるといえる．貧困，介護，子育て，虐待，自殺，孤立，孤独死，ひきこもり，青少年の非行や犯罪，依存症など，生活全般にわたるこれらの問題はすべての人に起こりうることである．そして，それぞれは問題解決の糸口が自らだけでは見出せないほど，複雑かつ複合的に絡んでおり，生きる意欲や人の生命そのものに深くかかわっている．そのため，生活課題を抱えた人を一刻も早く発見し的確に対応していくことが，福祉サービスを提供する側には求められる．

　社会福祉専門職の専門性は「価値」「知識」「技術」の3つの要素からなる．そのため，支援者はそれらの生活課題に対応する高い使命感と専門的知識，専門的技術を持ち，倫理性に基づく実践が必要となる．

　専門的知識とは，社会福祉実践に必要な法律，制度，福祉サービス，さらには支援で動員される社会資源等に関する知識である．そして，援助関係形成についての知識や利用者理解のための人間諸科学にかかわる知識も必要になる．また，日々の実践の基盤となる社会福祉の思想，理念，社会福祉の理論や活動する諸領域に関する知識も必要であろう．

　専門的技術とは，生活課題を抱えた利用者を支援するため，その専門的知識を実践場面で活用する社会福祉の援助技術の総体である．

　そして，社会福祉実践においてクライエントの福祉を実現するための基盤が，価値と倫理である．

　社会福祉実践の価値とは，社会福祉専門職が支援する際に持っていなけれ

ばならない信念や思想を含み，ソーシャルワークのグローバル定義に示されている「社会正義」「人権」「集団的責任」「多様性の尊重」である．その価値に根ざした社会福祉実践を行う行動の基準が倫理である．

秋山智久は社会福祉専門職の条件として，「①体系的な理論，②伝達可能な技術，③公共の関心と福祉という目的，④専門職の組織化（専門職団体），⑤倫理綱領，⑥社会的承認」を挙げた[2].

支援を必要とする人々の多くは，社会から疎外されていることが多く，その留めおかれた状況からの脱却には，生命を想う支援が欠かせない．そのため人間存在の価値を見出し，人間の尊厳が尊重された実践が対人援助を専門とする者の使命である．社会福祉専門職は，これらの専門性を備えた社会福祉専門職としての自覚と覚悟を持って臨まなければならない．

2. 社会福祉専門職の倫理

社会福祉専門職が実践の本質としていることは，利用者の主体性や権利を守ること（権利擁護）である．社会福祉専門職は社会から信託をうけた職務であり，倫理に基づく実践は欠かせない．日本の社会福祉専門職団体は，その行うべき倫理基準を明文化した倫理綱領を定めている．

2014（平成26）年7月，国際ソーシャルワーカー連盟（IFSW）国際会議（メルボルン会議）において「ソーシャルワーク専門職のグローバル定義」が採択された．このグローバル定義とグローバルソーシャルワークの倫理声明文を踏まえ，「日本ソーシャルワーカー連盟倫理綱領委員会」は，2020（令和2）年に「ソーシャルワーカーの倫理綱領（改正案）」を取りまとめた．この委員会はソーシャルワーク専門職4団体「特定非営利活動法人日本ソーシャルワーカー協会」「社団法人日本医療社会福祉協会」「社団法人日本精神保健福祉士協会」「社団法人日本社会福祉士会」で組織されている．この倫理綱領は，「前文」「ソーシャルワーク専門職のグローバル定義」「原理」「倫理基準」から構成されている．

新綱領の倫理基準には，旧綱領（2005年採択）から変更し新たに加えられ

表6-1 日本ソーシャルワーカー連盟が定めるソーシャルワーカーの倫理綱領

ソーシャルワーカーの倫理綱領（前文と項目抜粋）

　前　文

　われわれソーシャルワーカーは，すべての人が人間としての尊厳を有し，価値ある存在であり，平等であることを深く認識する．われわれは平和を擁護し，社会正義，人権，集団的責任，多様性尊重および全人的存在の原理に則り，人々がつながりを実感できる社会への変革と社会的包摂の実現をめざす専門職であり，多様な人々や組織と協働することを言明する．

　われわれは，社会システムおよび自然的・地理的環境と人々の生活が相互に関連していることに着目する．社会変動が環境破壊および人間疎外をもたらしている状況にあって，この専門職が社会にとって不可欠であることを自覚するとともに，ソーシャルワーカーの職責についての一般社会および市民の理解を深め，その啓発に努める．

　われわれは，われわれの加盟する国際ソーシャルワーカー連盟と国際ソーシャルワーク教育学校連盟が採択した，次の「ソーシャルワーク専門職のグローバル定義」（2014年7月）を，ソーシャルワーク実践の基盤となるものとして認識し，その実践の拠り所とする．

> ソーシャルワーク専門職のグローバル定義
> ソーシャルワークは，社会変革と社会開発，社会的結束，および人々のエンパワメントと解放を促進する，実践に基づいた専門職であり学問である．社会正義，人権，集団的責任，および多様性尊重の諸原理は，ソーシャルワークの中核をなす．ソーシャルワークの理論，社会科学，人文学，および地域・民族固有の知を基盤として，ソーシャルワークは，生活課題に取り組みウェルビーイングを高めるよう，人々やさまざまな構造に働きかける．
> この定義は，各国および世界の各地域で展開してもよい．
> （IFSW; 2014.7）

　われわれは，ソーシャルワークの知識，技術の専門性と倫理性の維持，向上が専門職の責務であることを認識し，本綱領を制定してこれを遵守することを誓約する．

原　理

Ⅰ　（人間の尊厳）

Ⅱ　（人権）

Ⅲ　（社会正義）

Ⅳ　（集団的責任）

Ⅴ　（多様性の尊重）

Ⅵ　（全人的存在）

倫理基準

Ⅰ　クライエントに対する倫理責任

　　1.（クライエントとの関係）

　　2.（クライエントの利益の最優先）

　　3.（受容）

　　4.（説明責任）

　　5.（クライエントの自己決定の尊重）

　　6.（参加の促進）

　　7.（クライエントの意思決定への対応）

　　8.（プライバシーの尊重と秘密の保持）

　　9.（記録の開示）

　10.（差別や虐待の禁止）
　11.（権利擁護）
　12.（情報処理技術の適切な使用）
Ⅱ　組織・職場に対する倫理責任
　1.（最良の実践を行う責務）
　2.（同僚などへの敬意）
　3.（倫理綱領の理解の促進）
　4.（倫理的実践の推進）
　5.（組織内アドボカシーの促進）
　6.（組織改革）
Ⅲ　社会に対する倫理責任
　1.（ソーシャル・インクルージョン）
　2.（社会への働きかけ）
　3.（グローバル社会への働きかけ）
Ⅳ　専門職としての倫理責任
　1.（専門性の向上）
　2.（専門職の啓発）
　3.（信用失墜行為の禁止）
　4.（社会的信用の保持）
　5.（専門職の擁護）
　6.（教育・訓練・管理における責務）
　7.（調査・研究）
　8.（自己管理）

出所：一般社団法人日本ソーシャルワーク教育学校連盟『最新　社会福祉士養成講座　精神保健福祉士養成
　　　講座11　ソーシャルワークの基盤と専門職（共通・社会専門）』中央法規出版，2022年，pp.182-
　　　186を元に筆者改成．

たいくつかの項目がある．まずクライエントに対する倫理責任として，クラ
イエントの「参加の促進」が加えられ，クライエントが自らの人生に及ぼす
決定や行動のすべての局面において，完全な関与と参加を促進することとな
った．また，近年のICT活用により情報処理技術の利用がクライエントの
権利を侵害する危険性があることを認識し，その適切な使用に努めることと
した「情報処理技術の適切な使用」に関する基準が示された．そして，組
織・職場に対する倫理責任として，「組織内アドボカシーの促進」及び「組
織改革」が追加され，ソーシャルワーカーによる組織・職場におけるあらゆ
る虐待又は差別的・抑圧的な行為の予防や防止の促進を図ることとし，人々
のニーズや社会状況の変化に応じて組織・職場の機能を評価し，必要な改革

を図ることとした．さらに専門職の倫理的責任として「自己管理」が追加され，ソーシャルワーカーは，何らかの個人的・社会的困難に直面し，それが専門的判断や業務遂行に影響する場合，クライエントや他の人々を守るために必要な対応を行い，自己管理に努めるとされた．

　この倫理綱領は日本社会福祉士会の倫理綱領（2020（令和 2）年 6 月），精神保健福祉士協会の倫理綱領（2020（令和 2）年 6 月），日本ソーシャルワーカー協会の倫理綱領（2020（令和 2）年 8 月），及び日本医療社会福祉協会の倫理綱領（2020（令和 2）年 6 月）として採択し施行された．社会福祉士の倫理綱領は，さらにこの倫理綱領を行動レベルに具体化した「社会福祉士の行動規範」として示されている．また，精神保健福祉士協会はこの倫理綱領とは別に，日本精神医学ソーシャルワーカー協会が 2003（平成 15）年に制定した倫理綱領を全面的に改訂し，2013（平成 25）年に「精神保健福祉士の倫理綱領」として採択している．

　また，介護福祉士についても 1995（平成 7）年に「日本介護福祉士会倫理綱領」が制定され，併せて「倫理基準（行動規範)」が定められている．同様に保育士の倫理についても，「保育所保育指針」に沿った形で，保育の理念と具体的な行動基準を表すものとして，2003（平成 15）年に「全国保育士会倫理綱領」が発表され採択されている．

　いずれの「倫理綱領」も，日々の実践の拠り所として，その倫理基準を基盤とした援助活動が展開されている．

第 3 節　保健・医療関係分野の専門職との連携

1. 保健・医療関係分野の専門職との連携の必要性

　社会福祉は地域福祉が土台となっている．地域住民がそれぞれの役割を認識し，自分らしく生活できるようコミュニティをつくり，フォーマル・インフォーマル問わず地域住民を主体とした地域共生社会の実現が目指されてい

勁草書房
〒112-0005 東京都文京区水道2-1-1
営業部 03-3814-6861 FAX 03-3814-6854
ホームページでも情報発信中。ぜひご覧ください。
https://www.keisoshobo.co.jp

「情動」論への招待
感情と情動のフロンティア

柳並良佑・難波阿丹 編著

情動論的転回以降、多分野で展開する研究を理論的見地から紹介し多彩な議論を拓く。「喚発し触発される」思考の多元的前線へと、ようこそ。

A5判並製292頁 定価3960円
ISBN978-4-326-10331-7

増補改訂版 言語哲学大全Ⅲ
意味と様相（下）

飯田隆

可能世界意味論の登場とクリプキの「新しい指示論」によって、言語哲学は70年代に黄金を迎える。増補改訂版第Ⅲ巻が登場。

A5判並製392頁 定価4070円
ISBN978-4-326-10332-4

カトリック的伝統の再構成
西洋における宗教と世俗の変容 1

伊達聖伸・渡辺優 編著

世俗化が進行するにつれ「宗教的伝統」はどのように変化しているのか。西洋におけるカトリックの伝統の再構成を事例として解明する。

A5判上製336頁 定価4400円
ISBN978-4-326-10333-1

KUNILABO人文学叢書 2
アダム・スミスの道徳理論
人間の複雑性と道徳判断

太田浩之

スミスが経験や観察を重視し、人間の複雑性を捉え、そこから道徳理論の構築を試みたことを、分析から示す。

A5判上製260頁 定価4620円
ISBN978-4-326-10334-8

近世陶磁器貿易史
太平洋・インド洋への「陶磁の道」

野上建紀

大洋を渡った陶磁器の欠片たち。アジア・アフリカ・アメリカの考古学調査から「陶磁の道」と近世グローバル化の様相を浮かび上がらせる。

A5判上製324頁 定価7920円
ISBN978-4-326-20066-5

恋愛を学問する
他者との関わり方を学ぶ

小野寺敦子 編著

恋愛が生じる心理的なメカニズム、ストーカーやDVといった負の側面、愛と恋の関わりなど、恋愛を科学的に探究する。

A5判並製192頁 定価2640円
ISBN978-4-326-25173-5

アメリカのアジア戦略史 上
建国期から21世紀まで

マイケル・グリーン 著
細谷雄一・森聡 監訳

アメリカのアジア戦略史 下
建国期から21世紀まで

マイケル・グリーン 著
細谷雄一・森聡 監訳

アメリカはアジアの覇権主義に阪北したのか？冷戦後の中国台頭になぜ宥和策をとれたのか？米中対立が本格化するまで

勁草書房　http://www.keisoshobo.co.jp
表示価格には消費税が含まれております。

Book review

JANUARY 2024

1月の新刊

勁草法律実務シリーズ

実務 人事訴訟法

松原正明 編集代表
浦木厚利・柴崎哲夫 編著

家事事件のエキスパートがテーマに会し、人事訴訟をめぐる法制度について裁判所の実務運用等を踏まえて網羅的に解説。

A5判変型 656頁 定価6600円
ISBN978-4-326-40431-5

著作権はどこへいく？

活版印刷からクラウドへ

ポール・ゴールドスタイン 著
大島義則・酒井麻千子・比良友佳理・山根崇邦 訳

デジタル時代に著作権が果たすべき役割・使命とは。米国における歴史と実例を振り返り、今なお翻弄され続ける法制度の行く末を占う。

四六判上製 344頁 定価3300円
ISBN978-4-326-45132-6

民法3 親族法・相続法[第5版]

我妻栄・有泉亨・遠藤浩・
川井健・野村豊弘

小型でパワフルな名著"ダットサン"。現時点での通説の到達した最高水準を簡明に解説する。親族法、相続法改正に対応し4年ぶりの改訂。

四六判並製 488頁 定価2750円
ISBN978-4-326-45135-7

新版 正義・家族・法の構造変換

リベラル・フェミニズムの再定位

野崎綾子

正義論は家族やケアの問題にいかに応答しうるかリベラル・フェミニズムの立場から法哲学の再構築に挑んだ先駆的著作。待望の新版。

四六判上製 312頁 定価3850円
ISBN978-4-326-45138-8

神戸大学経済学叢書第26輯

少子高齢化と農業および経済発展

世代間重複モデルを用いた理論的量的研究

衣笠智子

人口減少社会が本格化している日本において、人口・農業・経済水準を整合的に考慮に入れ計量面でとらえることの重要性を再認識し分析する。

A5判上製 212頁 定価4950円
ISBN978-4-326-54648-0

男性学基本論文集

平山亮・佐藤文香・兼子歩 編

階級、セクシュアリティ、...グローバリズム...つくりあげて...献を...

1月の重版

徳倫理学基本論文集 [増補...]

加藤尚武 編
児玉聡 編・監訳

る．そのような状況の中，近年，新たに生活課題として挙げられる8050問題やダブルケアの問題，ヤングケアラーの問題などは，総合的かつ包括的な支援の必要性を示唆している．

　そのためには多職種がつながることができるネットワークの構築，環境の改善や社会構造の変化への働きかけができる支援体制の構築が必要となる．また，既存の枠組みでは対応できないことであれば，新たなサービスなどの資源開発が必要となる．地域共生社会の実現に向けた，総合的かつ包括的な支援体制には，福祉のみならず，医療・保健等の分野横断的，制度横断的な対応が重要なものとなる．

2．チームアプローチによる連携・協働

　チームアプローチとは，連携する多職種多機関間のネットワークをもとにチームを構築し，チームで問題解決に向けて連携協働することをいう．クライエント本人や当事者である人々を問題解決の「主体」として位置づけ，当事者が置き去りにならないように協働体制を構築することが求められる．

　保健・医療の現場では，チームアプローチとしてチーム医療が展開されてきた．チーム医療は一人の患者に対して医師を軸とした複数のメディカルスタッフが連携して，それぞれの専門性に基づく治療やケアにあたっている．保健・医療分野の専門職には，医師，保健師，看護師，さらには薬剤師，理学療法士，作業療法士，言語聴覚士などが挙げられる．また，医療機関に配置されている社会福祉の専門職としては医療ソーシャルワーカー（MSW）や精神保健福祉士（PSW）があり，チーム医療は社会福祉専門職を含め，多様な専門職と連携・協働している．

　保育の現場においても，子どもの健康状態の把握や医療的配慮を必要とする子どもへの対応，突発的な病気や怪我などへの対応が求められる．子ども一人ひとりの発達に応じた支援をしていくためにも，その地域の保健医療機関との連携は欠かせない．さらには児童虐待や発達障がいを抱えた児童と家族への支援には，福祉的アプローチのみならず保健・医療・療育の複合的ア

プローチが欠かせない.

　チームアプローチは多職種が互いに協働する仕組みをコーディネートしながらチームで支援を行うため, ①メンバー間で目標を明確にすること, ②メンバー個々の専門性を理解をすること, ③チームとしての共通ルールを持つことが必要である. そして効果的な支援が可能となるよう, 何よりメンバー相互のコミュニケーションが大切となる[3].

　社会福祉にかかわる専門職は, 適切な福祉サービスを提供するために, 常に円滑に連携・協働できる体制を整備しておく必要があり, 日常的な専門職間の連絡・調整が重要となる.

注
1) 厚生労働統計協会編『国民の福祉と介護の動向 2022/2023』厚生労働統計協会, 2022年, p. 98.
2) 秋山智久『社会福祉実践論〔方法原理・専門職・価値観〕』ミネルヴァ書房, 2002年, pp. 234-235.
3) 一般社団法人日本ソーシャルワーク教育学校連盟『最新 社会福祉士養成講座 精神保健福祉士養成講座11 ソーシャルワークの基盤と専門職 (共通・社会専門)』中央法規出版, 2022年, p. 299.

参考文献
一般社団法人日本ソーシャルワーク教育学校連盟『最新 社会福祉士養成講座 精神保健福祉士養成講座11 ソーシャルワークの基盤と専門職 (共通・社会専門)』中央法規出版, 2022年
井村圭壯・今井慶宗編著『社会福祉の基本体系 (第5版)』勁草書房, 2017年
公益財団法人児童育成協会『新基本保育シリーズ4 社会福祉 (第2版)』中央法規出版, 2023年
厚生労働統計協会編『国民の福祉と介護の動向 2022/2023』厚生労働統計協会, 2022年

第7章　ソーシャルワーク

第1節　ソーシャルワークの理論

1. ソーシャルワークとは何か

　人は，さまざまな生活環境（人間環境・社会的環境・自然環境など）の中で生活している．一方で，その環境との接点から生活のしづらさや悩みが発生することもあり，場合によっては個人の力だけでは解決することが難しいこともあるだろう．ソーシャルワークとは，生活環境との接点で困難を抱えている人々（以下クライエント）に対し，その関係性への介入を通して支援を実施し，個人の QOL（生活の質）を高めることを目的としている．

　ソーシャルワークの定義は，多くの団体や研究者により提言されているが，代表的なものとしては 2014（平成 26）年に「国際ソーシャルワーカー連盟」（IFSW）と「国際ソーシャルワーク学校連盟」（IASSW）によって採択された「グローバル定義」があげられる．

【ソーシャルワークのグローバル定義】[1]
ソーシャルワークは，社会変革と社会開発，社会的結束，および人々のエンパワメントと解放を促進する，実践に基づいた専門職であり学問である．社会正義，人権，集団的責任，および多様性尊重の諸原理は，ソーシャルワークの中核をなす．ソーシャルワークの理論，社会科学，人文学，および地域・民族固有の知を基盤として，ソーシャルワークは，生活課題に取り組みウェルビーイングを高めるよう，人々やさまざまな構造に働きかける．この定義は，各国および世界の各地域で展開してもよい．

2. ソーシャルワークの基本的構成要素

　ソーシャルワークについてパールマン（H. E. Perlman）は，援助者自身が主導権を握って問題解決に取り組むのではなく，クライエント自身が主体性をもって問題解決に取り組むことで真の目的を達成することができるという問題解決アプローチを提唱し，ソーシャルワークの基本的構成要素を以下の「4つのP」としてまとめた.

(1)　問題（Problem）

　「問題（Problem）」とは，クライエントのニーズが満たされていないことや，社会への不適応といった，本人と環境との間で調整が必要な状態のこと.

(2)　人（Person）

　「人（Person）」とは，支援を必要とする問題を持ち，施設・機関に解決の援助を求めてくるクライエントのこと.

(3)　場所（Place）

　「場所（Place）」とは，援助者が活躍し，計画的かつ具体的に支援が展開される施設・機関のこと.

(4)　過程（Process）

　「過程（Process）」とは，クライエントと援助者との間で構築された相互の関係性を有して展開される支援の過程のこと.

3. ソーシャルワークの原則

　喜怒哀楽からなるさまざまな感情は，物事を考える上で大きな影響を与える. 時として援助者は，クライエントと関わる際に感情が揺さぶられたり，心に乱れが生じたりすることもあるだろう. そういった中で，自分の感性を

理解し，感情をコントロールすることは対人援助においては必須のス〔キ〕ある．アメリカの社会福祉学者であるバイステック（F. P. Biestek）〔は〕クライエントとより良い関係を築くための行動規範として，以下のよ〔うな〕つの原則をまとめた．

（1）　個別化の原則：クライエントを個人として捉える　クライエントに適切な援助を進めていくためには，問題を〔パ〕ターン化し，ラベリングしてはならない．クライエントがそれぞれ個別的〔な〕格・性質・人格を持っていることを認め，抱えている問題はすべて固有の〔問〕題として捉えることが大切である．そのため援助者は偏見や先入観を持た〔ず〕客観的視点を持って関わる必要がある．

（2）　意図的な感情表出の原則：クライエントの感情表現を大切にする　クライエントが自由に感情を表出するということは，クライエントが自ら〔〕の感情を理解したり不安やストレスから解放されたりすることにもつながる〔．〕よって，感情の表出を我慢させることなく，自由に表現できるように配慮す〔〕る必要がある．そのため援助者は面接する環境を整え，感情を表現しやすい〔〕雰囲気を作り，傾聴する姿勢を持たなければならない．

（3）　統制された情緒的関与の原則：援助者は自分の感情を自覚する　援助者の役割はクライエントに同情し感情を共有し合うことではない．問〔〕題の解決を支援しつつ，クライエントの自己解決能力を高めることにある．そのため，クライエントの感情を受け止め，問題解決につながる適切な反応〔〕を示せるように感情をコントロールする必要がある．またクライエントは言〔〕葉では表現できない思いや悩みを抱えている場合も少なくない．そのクライ〔〕エントの「声なき声」に気づくという敏感な感受性を持ち合わせることも大〔〕切である．

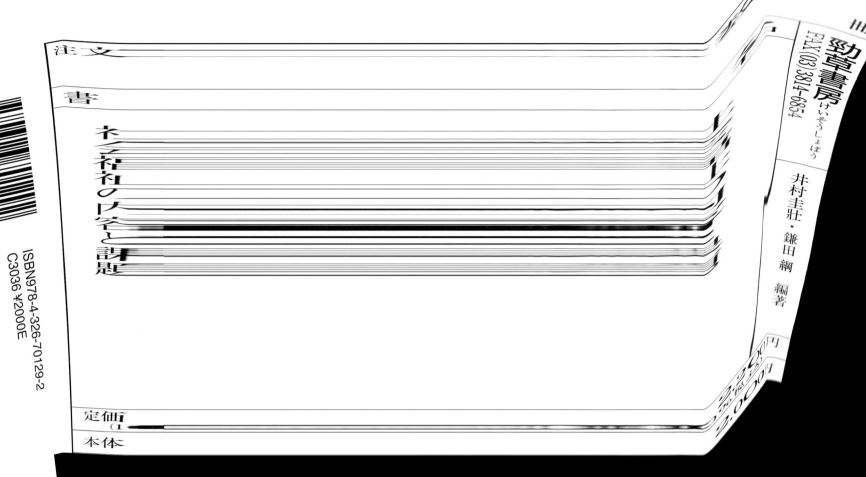

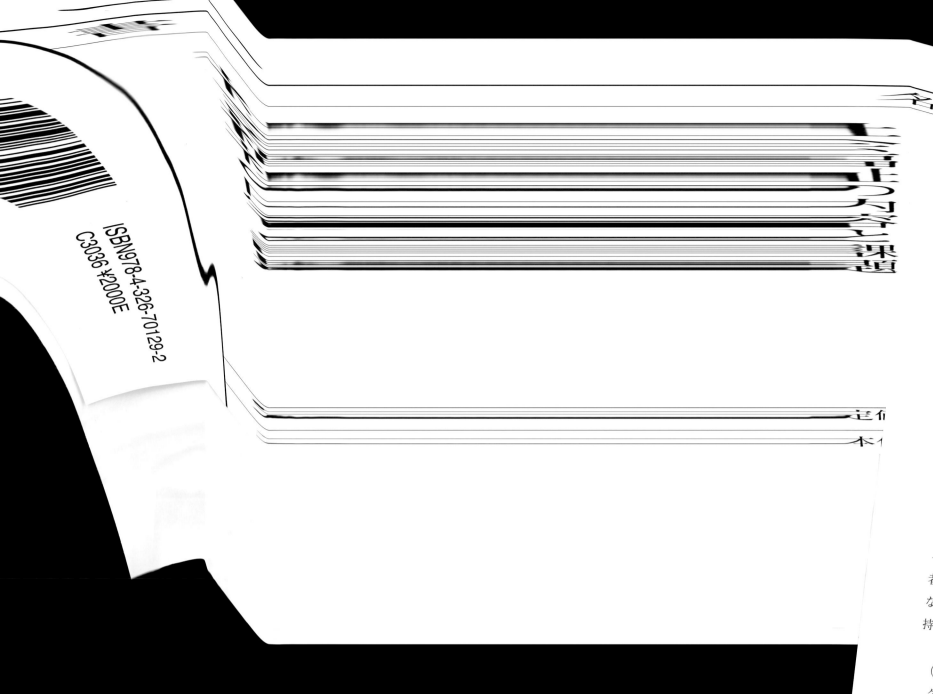

（4）　受容の原則：クライエントのあるがままを受け止める

　クライエントはさまざまな態度や振る舞いをもって感情を表現するが，その一つひとつがクライエントの個別性である．そのため，不適切な行動や感情の表出があっても，援助者の個人的な感情で否定することなくクライエントのあるがままを受け止め，また一人の人間として尊重する必要がある．ただし，受容とは不適切な行動を許容することではない．その行動の善し悪しを捉えるのではなく，それらの行動がどのような意味を持つのかを理解することが重要である．

（5）　非審判的態度の原則：クライエントを一方的に非難しない

　クライエントは自分自身の問題や課題に関して，裁かれたり非難されたりすることに強い不安を抱えている場合が多い．そのような中で援助者が「あなたは間違っている」というような言動や態度をとってしまった場合，クライエントは心を閉ざし，信頼関係の構築は難しくなるであろう．よって援助者は自分の価値観や個人的な判断によって利用者の行動や態度を批判してはならない．あくまでも問題を解決する手立てを共に考えていくという意識を持つことが大切である．

（6）　自己決定の原則：クライエントの自己決定を尊重する

　クライエントの人生は本人のものであり，物事を自分で決めるということは人間が持つ自由と権利である．よって，援助者はクライエントと主従関係にならないよう十分に留意し，クライエントが自分自身の意思にそって行動できるよう，側面的に関わっていく必要がある．ただし，自己決定は問題の解決に向けての手段でなければならず，クライエントの自己決定が他者の権利を阻害することや道徳的に不適切なものであってはならない．望ましい側面と否定的な側面を認識してサポートをする必要がある．

（7）　秘密保持の原則：秘密を保持し，プライバシーを守る

　クライエントは，提供した情報は保持されるということを前提として悩みを打ち明ける．だからこそ，秘密を保持することは信頼関係を構築する上で重要な項目であり，倫理的な義務として存在する．逆に秘密の保持がなされていないということにクライエントが気づけば援助関係は成り立たないだろう．ただし，問題解決に向けてさまざまな機関と連携を図る場合には，クライエントにしっかりと説明し同意（インフォームドコンセント）を得た上で，情報を共有することが求められる．

第2節　ソーシャルワークの方法

1．ソーシャルワークの援助過程

　ソーシャルワークを実践する上では，どのような局面においても問題を明確化し，支援の目標や課題を設定し，計画的に実施しなければならない．その援助の進め方は以下の通りである．

（1）　ケースの発見

　クライエントに悩みが発生した場合，自ら訴えることもあるが，支援の窓口への一歩に戸惑いがあったり，相談支援自体に否定的なイメージ（スティグマ）を抱いている場合もある．このような場合は援助者自らが地域や施設に足を運び，クライエントに直接コンタクトをとるなど積極的な働きかけ（アウトリーチ）が必要である．

（2）　インテーク（初回面談）

　インテークとは，クライエントとの初回面談のことであり，利用者の現況と問題の主訴を把握する場である．

　その際に留意すべきは，問題解決を急ぐのではなく，クライエントと信頼

関係を築く（ラポールの形成）ことである．援助者は場の雰囲気や表情にも気を配り，クライエントが安心して援助者を頼ることができるように努めなければならない．

(3)　アセスメント（事前評価）

アセスメントとは，クライエントの問題を分析し，解決方法を導き出す手立てを探すことである．

クライエントが直面する問題はさまざまあるが，問題の原因そのものに支援の手をいれなければ根本的な解決には至らない．よって「問題はクライエント自身にある」と考えるのではなく，クライエントを取り巻く環境に焦点を当てて考えていく必要がある．なお，問題点の抽出にこだわらず，クライエントや環境が持つ強み（ストレングス）を見逃さずに支援に活用していくことが大切である．

(4)　プランニング（支援計画の立案）

プランニングとは，問題を解決していくための計画を立案することである．そして，その計画達成に向けて目標を具体的に設定していく．なお，この支援計画立案にあたっては，援助者が一方的に設定するのではなく，クライエントの同意（インフォームドコンセント）を得ながら一緒に考えていく．また，計画内容についてはクライエントが本来持っている内面的な力や可能性を最大限に引き出す（エンパワメント）視点が非常に重要である．このエンパワメントを確立させ，将来的にクライエント自身の力で問題解決に取り組めるようにする．

(5)　インターベンション（介入）

インターベンションとは，支援計画に則して支援を実施することである．なお，介入方法は面談等による直接的な関わりのほか，関係機関との連携・交渉・調整など，さまざまな形で支援を実施する．また，クライエントの状

況によっては，自分の権利の行使や意思表明に困難を抱えていることもある．
そのような場合はクライエントの権利を擁護（アドボカシー）しながら支援
を実施していかなければならない．

（6）　モニタリング（中間評価）

モニタリングとは，クライエントやその環境等の変化の経過観察を行うこ
とである．この場合，援助者自身がクライエントの小さな変化を見逃さない
ようにすることが重要である．表情・声色・態度など，どのような形で表出
されるかわからない変化は，注意深く観察しなければ見落としてしまう．そ
して，その変化が「プランニング」に則しているかを判断することが必要で
ある．場合によっては，再アセスメントから支援計画を見直すことも求めら
れる．

（7）　ターミネーション（終結）

ターミネーションとは，支援の終了の時であり，実施内容の評価を行うこ
とである．なお，終了と判断される場面はさまざまであり，例えば支援目標
が達成された場合や，クライエントのエンパワメントが充実し，個人での課
題克服が十分に可能であると判断された場合などが考えられる．いずれにせ
よ，問題の解決はクライエントと援助者が共に話し合い，その根拠を共有す
ることが大切である．また，終結後は関係機関への引継ぎや情報共有などを
通して，アフターケアができる体制は維持していかなければならない．

2.　援助の技法

（1）　直接援助技術

直接援助技術とは，クライエントに直接働きかけて問題解決を図る方法を
いう．以下に2つの種類について確認していく．

1）ケースワーク（個別援助技術）

社会生活を送る上で何らかの問題や悩みが発生している個人や家族に対して，その問題解決を目的として活用される援助技術のことである．クライエント自身を支える側面と，社会資源やサービスを活用して環境を整えるという側面がある．

2）グループワーク（集団援助技術）

グループワークとは，同じような境遇や悩みを抱える者同士で小集団を形成し，一緒にプログラム活動に参加することで，個人の成長・発達を促す過程をいう．なお，以下のような過程をもって実施される．

① 準備期

参加者の構成や場所，期間を設定し，目標達成に向けた計画を立案する．

② 開始期

参加者同士のコミュニケーションを図り，アイスブレイクなどを活用して参加しやすい雰囲気を作る．

③ 作業期

参加者同士が互いに悩みを打ち明け，共感性によって互いに助け合う力（グループダイナミクス）を育む．

④ 終結期

目的が達成したり計画していた回数，期間が終了したりした場合に終結を迎える．しかし，グループワークの参加目的の不一致が見られたり，活動内容に変更が求められたりする場合も終結となる．

（2）間接援助技術

間接援助技術とは，生活環境の整備や関係者への働きかけ，また他の専門職員との協力体制の構築など，クライエントを間接的に支援する技術である．具体的には以下の種類がある．

1)　コミュニティワーク（地域援助技術）

地域にある社会資源の活用や調整を行い，社会活動を側面から支援する．その他，住民組織や行政機関等にも積極的にコンタクトをとり，支援につながる環境の土台を構築する．

2)　ソーシャルワーク・リサーチ（社会福祉調査法）

問題の解決に向けて，地域の状況や社会現象について調査を実施する技法であり，福祉環境の向上に向けた資料の作成を目指す．

3)　ソーシャル・アドミニストレーション（社会福祉運営管理）

ソーシャルワークを業とする機関の一層の向上と充実を図るため，多機関が合理的かつ効率的に連携を図れるように運営を管理する技法である．

4)　ソーシャル・アクション（社会活動法）

社会福祉の運営やサービスの向上を目的とし，組織化しながら行政や関係機関に直接的な働きかけをする運動のこと．

5)　ソーシャル・プランニング（社会福祉計画法）

社会福祉に関する支援が，将来にわたって継続的かつ充実した活動になるよう，計画的に施策を策定し，実施・評価していく技法のこと．

(3)　関連援助技術

関連援助技術とは，関係機関と連携を図る技術ことである．この場合，援助者自身の知識や技術の向上を図ることを目的としたものや，より専門性の高い機関からの助言や指導を受けることも伴う．その援助技術の種類には以下のものがある．

1)　ネットワーク

クライエントを支援していくため，各機関の協力体制の構築を目指すこと．なお公的機関（フォーマル）と民間の機関（インフォーマル）など，それぞれの専門性を把握しておくことが重要である．

2)　ケアマネジメント

クライエントの日常生活やニーズを的確に把握し，その実態に合ったさまざまな社会資源やサービスを効果的かつ迅速に提供するための技法である．

3)　スーパービジョン

援助者の専門的技術と知識の向上を図るため，スーパーバイザー（熟練した指導者）がクライエントに対する支援内容の報告を受け，スーパーバイジー（経験の浅い援助者）に対して適切な教育および指導を行うこと．

4)　カウンセリング

クライエントが直面している課題を把握し，心理的・内面的側面から支援を行うものである．ただし，公認心理師など心理的ケアを実践する専門職が対応することが多い．

5)　コンサルテーション

隣接関連領域の専門職との協議を実施しながら，助言・指導などを受け，新たな知見の獲得を目指すこと．

注
1）日本ソーシャルワーカー連盟（JFSW）公式 WEB サイト（https://jfsw.org/definition/global_definition/）

参考文献
井村圭壯・今井慶宗編著『社会福祉の拡大と形成』勁草書房，2019 年
大久保秀子『新社会福祉とは何か（第 3 版）』中央法規出版，2018 年

立花直樹ほか編著『ソーシャルワークの基盤と専門職Ⅰ（基礎)』ミネルヴァ書房，2022 年

立花直樹ほか編著『ソーシャルワークの理論と方法Ⅰ（共通)』ミネルヴァ書房，2023 年

F. P. Biestek 著，尾崎新ほか訳『ケースワークの原則——援助関係を形成する技法（新訳改訂版)』誠信書房，2006 年

M. E. Richmond 著，小松源助訳『ソーシャルケースワークとは何か』中央法規出版，2005 年

第8章　権利擁護を支える法制度

第1節　広義と狭義の権利擁護制度

　権利擁護とは，当事者が持っている権利を擁護することによって，虐待や差別，経済的搾取などといった権利侵害から当事者を守ることである．広義の権利擁護制度としては，仮に判断能力があっても自己の権利主張の場や手段を持てない人の自己決定を代弁（アドボカシー）する制度，苦情解決するための制度や被虐待者の権利救済と再発予防を図る制度などが存在している．

　認知症・知的障がい・精神障がいなどによって判断能力が十分ではない人は，「自己決定」するというプロセス自体が困難であることが想定される．それらの人に寄り添い支援する制度のうち，本章では「成年後見制度」と「日常生活自立支援事業」を狭義の権利擁護制度として以下の節において解説する．

第2節　成年後見制度

1．制度の概要

　成年後見制度とは，認知症・知的障がい・精神障がいなどによって判断能力が十分ではない人を保護し，その権利を擁護するための制度の1つである．2022（令和4）年の1年間にこの制度の利用を開始した理由としては認知症が最も多く，全体の約63.2%を占めている．次いで知的障がいが約9.4%，統合失調症が約8.7%である[1]．前述のような人々は，不動産や預貯金など

の財産管理，介護などのサービスや施設入所に関する契約，また遺産分割の
協議などを行う必要があっても，一人で決めることに不安や心配があったり，
これらのことを一人で行うことが難しいケースもある．また，自分に不利益
な契約であることが判断できないまま契約を結び，いわゆる悪質商法などの
被害にあうケースも時折報告されている．このような判断能力が十分でない
人を保護し支援することは，少子高齢化社会において誰もが当事者意識を持
てる時代の要請であると言える．

　成年後見制度には，大きく分けて「任意後見制度」と「法定後見制度」と
いった次の2つの制度がある．

2. 任意後見制度

　本人が自分の任意後見人となる人（任意後見受任者）やその権限を本人自
身で決めることができ，本人の判断能力が不十分になったときには，本人が
あらかじめ定めておいた任意後見契約にしたがって任意後見人が本人を援助
する制度である．任意後見契約は，家庭裁判所が任意後見監督人を選任した
時からその効力が生じ，任意後見人は，この時から任意後見契約で委任され
た事務を本人に代わって行うこととなる．

（1）　任意後見契約の成立

　任意後見契約は，本人が任意後見人に対し，精神上の障がいにより判断能
力が不十分な状況における自己の生活・療養看護及び財産の管理に関する事
務の全部または一部を委託し，その委託に関わる事務について代理権を付与
する委任契約であり，家庭裁判所によって「任意後見監督人」が選任された
時からその効力が生ずる旨の定めがあるものである．これは公証人が作成し
た「公正証書」によって行わなければならない（「任意後見契約に関する法律」
（以下，「任後法」）第2条第1号及び第3条）．

(2)　任意後見監督人の選任

　任意後見契約が登記されている場合において，精神上の障がいによって本人の判断能力が不十分な状況にあるときは，家庭裁判所は，本人（任意後見契約の本人）・配偶者・四親等内の親族・任意後見受任者（任意後見人となる人）の申立てにより任意後見監督人を選任する（「任後法」第 4 条第 1 項）．この任意後見監督人の選任によって任意後見契約の効力は生じ，契約で定められた任意後見人が任意後見監督人の監督の下，契約で定められた特定の法律行為を本人に代わって行うことができる．任意後見受任者（任意後見人となる人）は，本人の判断能力が低下した場合には速やかに任意後見監督人の選任の申立てをすることが求められる．

(3)　任意後見人の役割

　任意後見契約の効力が生じると，任意後見人は契約で定められた事務に係る代理権を有する．その内容は契約等の法律行為に限られるが，「本人の意思を尊重し，かつ，その心身の状態及び生活の状況に配慮しなければならない」（「任後法」第 6 条）とされている．

(4)　任意後見監督人の役割

　次の 4 つである．①任意後見人の事務を監督すること．②任意後見人の事務に関し，家庭裁判所に定期的に報告をすること．③急迫の事情がある場合に，任意後見人の代理権の範囲内において，必要な処分をすること．④任意後見人又はその代表する者と本人との利益が相反する行為について本人を代表すること（「任後法」第 7 条第 1 項）．また任意後見監督人は，いつでも任意後見人に対してその事務の報告を求めたり，その事務若しくは本人の財産の状況を調査することができる（同法第 7 条第 2 項）．家庭裁判所は，必要があると認めるときは，任意後見監督人に対して任意後見人の事務に関する報告を求め，任意後見人の事務若しくは本人の財産の状況の調査を命じ，その他任意後見監督人の職務について必要な処分を命ずることができる（同法第

7条第3項).

(5)　任意後見契約の終了

1)　任意後見契約の解除：任意後見監督人が選任される前においては，本人
又は任意後見受任者は，いつでも，公証人の認証を受けた書面によって，
任意後見契約を解除することができる．任意後見監督人の選任後は，本人
又は任意後見人は，正当な事由がある場合に限り，家庭裁判所の許可を得
て任意後見契約を解除することができる（「任後法」第9条第1項及び第2
項).

2)　任意後見人の解任：任意後見人に不正な行為などその任務に適しない事
由があるときは，家庭裁判所は，任意後見監督人，本人，その親族又は検
察官の請求により，任意後見人を解任することができる（「任後法」第8
条).

3)　契約当事者の死亡や破産等
本人や任意後見人（任意後見受任者）の死亡，破産手続き開始決定があれ
ば終了する．また任意後見人（任意後見受任者）が後見開始の審判を受け
た場合も終了する（「民法」第653条）．以上の他，任意後見から法定後見
に移行する場合などがある．

3.　法定後見制度

　本人の判断能力が不十分になった後に家庭裁判所が個々の事案に応じて成
年後見人等（成年後見人・保佐人・補助人）を選任する制度である．「民法」
では本人の判断能力の程度に応じて「後見」「保佐」「補助」という3つの制
度が定められている．

　制度の対象となる人は次の通り．「後見」は「精神上の障害により事理を
弁識する能力を欠く常況にある者」(「民法」第7条)，「保佐」は「精神上の
障害により事理を弁識する能力が著しく不十分である者」(同法第11条)，
「補助」は「精神上の障害により事理を弁識する能力が不十分である者」(同

法第15条).

(1)　後　見

　家庭裁判所が「後見開始の審判」(「民法」第7条) を行い，本人を援助する人として「成年後見人」を選任する．「成年後見人」は本人の財産を管理し，契約を結んだり本人が結んだ契約を取り消すなどといった財産にかかわる法律行為を本人に代わって行うことができる．ただし自己決定尊重の観点から日用品の購入や日常生活に関する行為については，この限りでない (同法第9条).

(2)　保　佐

　家庭裁判所が「保佐開始の審判」(「民法」第11条) を行い，本人を援助する人として「保佐人」を選任する．本人が金を借りる，保証人になる，不動産売買するなど法律で定められた特定の法律行為をするにあたり，「保佐人」の同意を得ることが必要になる．保佐人の同意を得ないでした行為については，本人または保佐人が後から取り消すことができる (同法第13条第1項及び第4項，第120条第1項)．ただし，日用品の購入など日常生活に関する行為についてはこの限りではない (同法第13条第2項)．また，家庭裁判所の審判によって，保佐人の同意権・取消権の範囲を広げたり (同法第13条第2項)，あらかじめ本人が望んだ特定の法律行為について保佐人に代理権を与えることもできる (同法第876条の4).

(3)　補　助

　家庭裁判所が「補助開始の審判」(「民法」第15条) を行い，本人を援助する人として「補助人」を選任する．この場合本人以外の人が申し立てた場合は，本人の同意が必要となる (同法第15条第2項)．補助開始の審判にあたっては本人の申立てにより選択した特定の法律行為について「補助人」に同意権・取消権や代理権を与えることができる (同法第17条)．ただし，日用

品の購入など日常生活に関する行為については，補助人の同意は必要なく，取消しの対象にもならない．

4．成年後見制度の利用促進

　2022（令和4）年1月から12月までの1年間において，成年後見制度を利用した人の男女別割合は，男性約43.8%，女性が約56.2%であり，開始された年齢をみると，高齢者は男性全体の約72.2%を，女性全体の約86.7%を占めており，男女とも80歳以上が最も多く，男性では男性全体の約35.0%を占め，女性では女性全体の約63.8%を占めている[2]．

　わが国の65歳以上の高齢者人口は3623万人で，総人口に占める割合は29.1%となっている[3]．少子化も並行して進んでいるなどさまざまな状況を鑑みると，今後成年後見制度を利用するのが望ましい人はますます増加することが想定される．しかし成年後見制度はこれらの人たちを支える重要で有効な手段であるにもかかわらず，まだまだ十分に活用されているとはいいがたい．2016（平成28）年5月18日に施行された「成年後見制度の利用の促進に関する法律」では，成年後見制度の利用についてその基本理念を定め，国の責務等を明らかにし，制度の利用の促進に関する施策を総合的かつ計画的に推進することが示された．

　低所得の高齢者・障がい者に対して申立費用や報酬を助成する「成年後見制度利用支援事業」は，成年後見制度を利用することが有用であると認められる認知症高齢者，知的障がい者及び精神障がい者のうち，収入や資産等の関係から成年後見制度の利用に必要な費用について，補助を受けなければ制度の利用が困難であると認められる人に対し，成年後見制度の申立てに要する経費及び後見人等の報酬の全部又は一部を助成する事業である．

　しかし，市町村により実施状況が異なり，後見人等が報酬を受け取ることができないなどの課題も指摘されており，成年後見制度の利用促進のためにも改善が希求されるところである．

第3節　日常生活自立支援事業

1. 事業の概要

　実施主体は各都道府県・指定都市の社会福祉協議会であり，窓口業務は委託を受けた市区町村社会福祉協議会等が行っている．本人との契約に基づき，福祉サービスの利用援助を中心に，日常的な金銭管理や預貯金通帳など重要書類等の預かりなどの支援を通して，認知症の高齢者や知的障がい者等の権利を擁護することを目的としている．制度の契約締結までは主に「専門員」が初期段階の相談や契約締結能力の確認，また必要な援助内容を整理したうえで「支援計画」を作成する．実際のサービス援助を行う「生活支援員」は，支援計画に基づいて定期的または必要に応じて援助にあたる．

2. 事業の対象者

　事業の対象者は，厚生労働省社会・援護局長通知「生活困窮者自立相談支援事業等の実施について」別添12で，次のいずれにも該当する人としている．

　　①　判断能力が不十分な人（認知症高齢者，知的障がい者，精神障がい者等であって，日常生活を営むのに必要なサービスを利用するための情報の入手，理解，判断，意思表示を本人のみでは適切に行うことが困難な人）
　　②　本事業の契約の内容について判断し得る能力を有していると認められる人．

3. 事業の内容

　事業の内容は，次の「福祉サービス利用援助」「日常的金銭管理サービス」「書類等預かりサービス」に大別できる．

① 福祉サービス利用援助

• 福祉サービスを利用しまたは利用をやめるために必要な手続き.

• 福祉サービスについての苦情解決制度の利用手続きの援助.

• 住宅改造, 居住家屋の賃借, 日常生活上の消費契約や簡易な苦情処理制度（クーリングオフ制度等）の利用手続き. 住民票の届出等の行政手続きに関する援助, その他福祉サービスの適切な利用のために必要な援助.

② 日常的金銭管理サービス

• 年金及び福祉手当の受領に必要な手続き.

• 福祉サービスや医療費, 税金や社会保険料, 公共料金, 家賃を支払う手続き.

③ 書類等預かりサービス

• 年金証書, 預貯金通帳, 権利証, 契約書類, 保険証書, 実印・銀行印, その他カードを含む実施主体が適当と認めた書類等の預かり.

④ 日常生活自立支援事業に期待されるもの

　事業が単なる財産管理や契約等への支援であってはならない. これは先述の成年後見制度にも同様にいえることであるが, 可能な限り本人の意思や自発性を尊重した上で支援は進められるべきである. また本人はもとより, 親族を中心とした周囲の関係者が持っている強さ（ストレングス）に着目しながら本人の生活課題について取り組む姿勢が必要である. さらにその際, できる限り地域住民も含む社会資源を巻き込むことによって, 判断能力が不十分な人の権利が擁護される社会が醸成されていく. これは少子高齢社会における時代の要請の1つであろう.

　この事業の利用者の中には, 例えば認知症の進行により意思決定能力を喪失した状態になる人もいるだろう. そうした状況になった場合は施設入所の利用契約などが必要となってくるため, 成年後見制度への移行なども想定される. その点でも, 日常生活自立支援事業と成年後見制度は, 利用する本人のさまざまな状況にあわせて連携して活用することが求められよう.

第 4 節　権利擁護に関わる相談を受ける組織

　人生にはさまざまなステージがあり，その時に応じて守られるべき権利が存在する．しかし本人や家族がフォーマル・インフォーマルともに脆弱な状況にある場合もあるだろう．そのような私たちの権利を擁護する組織を以下に概説する．

1.　人権擁護委員

　人権擁護委員は法務大臣から委嘱され，市町村の区域に置かれている．その使命は「国民の基本的人権が侵犯されることのないように監視し，若し，これが侵犯された場合には，その救済のため，すみやかに適切な処置を採るとともに，常に自由人権思想の普及高揚に努めることをもつてその使命とする」(「人権擁護委員法」第 2 条) とされ，地域の実情に明るい住民や専門職が人権思想の普及と人権侵犯事件の調査以外に人権相談を受けるなどその任に当たっている．

2.　児童虐待等に関わる機関

　中心的役割を果たす「児童相談所」は，「児童福祉法」に基づき，都道府県・指定都市等に設置される行政機関である．子どもに関する家庭などからの相談に応じ，個々の子どもや家庭に最も効果的と考えられる支援を行い，もって子どもの福祉を図るとともに，その権利を擁護することを主たる目的としている．主な相談内容は，「養護相談」「障害相談」「非行相談」「育成相談」であり，2022 (令和 4) 年の「児童福祉法」改正 (2024 (令和 6) 年 4 月施行) では，児童相談所等は入所措置や一時保護等の際には児童の最善の利益を考慮しつつ，子どもの意見や意向を勘案して措置を行うため，児童の意見聴取等の措置を講ずることが示されている．そのため都道府県は児童の意見・意向表明や権利擁護に向けた必要な環境整備を行うこととされた．

3. 障害者虐待等に関わる機関

　「障害者虐待の防止，障害者の養護者に対する支援等に関する法律」（障害者虐待防止法）に基づき，市町村には「市町村障害者虐待防止センター」，都道府県には「都道府県障害者権利擁護センター」が設置されている．前者は障がい者の養護者による虐待，施設従事者等による虐待等に対して，事実確認及び立ち入り調査，一時保護や支援などを行っている．後者は市町村が行う障がい者虐待対応についての連絡調整や情報提供，助言等を行う．障がい者施設において障がい者虐待が認められた場合のうち，障がい者福祉施設従事者等による障がい者虐待が強く疑われる場合には，市町村または都道府県は，指導を行い改善を図る．その指導に従わない場合には社会福祉法及び障がい者総合支援法に基づく勧告・命令，指定の取消し処分などの権限を適切に行使することにより，障がい者の権利擁護を図っている．

4. 高齢者虐待等に関わる機関

　「介護保険法」に基づき市町村が設置主体となる「地域包括支援センター」が，高齢者の住み慣れた地域で安心して暮らしたいという権利を擁護する身近な機関となる．ここには保健師・社会福祉士・主任介護支援専門員等が配置されており，その主な業務は，介護予防支援及び包括的支援事業（①介護予防ケアマネジメント業務，②総合相談支援業務，③権利擁護業務，④包括的・継続的ケアマネジメント支援業務）である．金銭・財産の管理や契約などに対して不安がある高齢者や頼れる家族がいない高齢者には，「成年後見制度」や「日常生活自立支援事業」などの活用促進を支援したり，高齢者虐待への対応などもその中心的業務の1つである．

5. 配偶者間暴力等に関わる機関

　「配偶者からの暴力の防止及び被害者の保護等に関する法律（DV防止法）」に基づき，都道府県が設置する婦人相談所や福祉事務所その他の適切な施設

において，「配偶者暴力相談支援センター」の機能が置かれている．配偶者からの暴力の防止及び被害者の保護，権利擁護を図るため，次のような支援を行っている．

相談や相談機関の紹介，カウンセリング，被害者及び同伴者の緊急時における安全の確保及び一時保護，自立して生活することを促進するための情報提供その他の援助，被害者を居住させ保護する施設の利用についての情報提供その他の援助，保護命令制度の利用についての情報提供その他の援助等．

6. 犯罪被害者等の支援に関わる機関

都道府県には，都道府県公安委員会から犯罪被害者等早期援助団体の指定を受けた「被害者支援センター」が置かれている．専門研修をうけた相談員による「電話相談」「面接相談」や，警察や裁判所，病院や弁護士事務所などへの付き添い，裁判の代理傍聴，各種手続きのサポート等の「直接的支援」を行っている．犯罪被害にあうと，日常生活を送る上でさまざまな精神的，経済的負担が突如降りかかる．またそれらは個別的なものであるとともに時間の経過とともに形や内容も変化するものである．犯罪被害者はさまざまな権利を一方的に突然奪われた存在であるために，外部から物心両面で支援される必要がある．

注
1) 『成年後見関係事件の概況—令和4年1月〜12月』最高裁判所事務総局家庭局，2023年，p 7.
2) 『成年後見関係事件の概況—令和4年1月〜12月』最高裁判所事務総局家庭局，2023年，p 6.
3) 『統計トピックス No. 138』総務省統計局，2023年，p 2.

参考文献
厚生労働省社会・援護局長通知「生活困窮者自立相談支援事業等の実施について」別添 12
厚生労働省「児童福祉法等の一部を改正する法律（令和4年法律第66号）の概要」https://www.mhlw.go.jp/content/11920000/000957236.pdf
最高裁判所ホームページ「成年後見制度について」https://www.courts.go.jp/sai

ban/koukenp/koukenp1/index.html

社会福祉学習双書編集委員会編『社会福祉学習双書 2023 第 13 巻 権利擁護を支える法制度／刑事司法と福祉』全国社会福祉協議会，2023 年

全国社会福祉協議会地域福祉部「2020 年日常生活自立支援事業推進マニュアル（改訂版）」

内閣府男女共同参画局ホームページ「配偶者暴力相談センター」https://www.gender.go.jp/policy/no_violence/e-vaw/soudankikan/01.html

法務省ホームページ「成年後見制度・成年後見登記制度」https://www.moj.go.jp/MINJI/minji95.html

第9章　子ども家庭福祉

第1節　子ども家庭福祉とは

1. 子ども・子育て家庭と福祉

　子ども家庭福祉とは，子どもの発達や生活，育ちの環境について，親・保護者，国や行政，社会全体が協働・共同で保障する活動全般を指す．いわゆる保護を基調としてきた児童福祉に対し，権利主体としての子どもという点を明確にした考えである．また子ども本人だけではなく，子育て家庭を対象として含め，家庭のウェルビーイングを社会全体が保障することを目的としている[1]．つまり，子ども家庭福祉は親や保護者に子どもの育ちの責任を負わせるのではなく，家庭そのものも対象とした子どもの育ちを保障するものである．第二次世界大戦後の子どもへの福祉は，長らく保護と措置を中心としていた．そこでは，子どもの養育基盤としての家庭，家庭の機能不全に対応する福祉という区分があり，「福祉の対象となる子ども」が明確に想定されていた．しかし，都市化や都市化に伴う核家族化をはじめとした社会の変化によって徐々に家庭への依存の限界が指摘されるようになり，子育て家庭を含めた支援の必要性が提起されるようになってきた．さらに子どもの権利への視点が福祉と結びついてきたことで，福祉の活用はすべての子どもたちを対象としたものととらえる視点が強まり，子ども家庭福祉となってきたのである．

2．子ども「家庭」福祉である意味

　子ども「家庭」福祉が必要となった理由の 1 つは，子育ては家庭が全責任を負うべきことではなく，家庭と社会の共同が必要な事柄であり，家庭そのものも支援の対象としてとらえられるようになったことである．背景にあるのは，都市社会化に伴う生活スタイルの変化である．

　都市社会化の中で，世帯単位での子育てや母親に子育ての責務が偏重するなど，子育ての経験や身近なモデルが少ないままに孤独な子育てに向き合うケースが珍しくなくなった．こうした生活環境の変化は，子育ての不安や負担の増大につながり，特に 1970 年代以降は家庭支援の必要性が提起されてきた．そもそも子育ては，誰もが当たり前にできることではなく，これまでの人生の中で得た知識や経験，周囲の人々という社会があって成立するものである．この負担が母親に集中したことで，子どもや子育てにどう向き合えばよいのかを悩む親たちが徐々に増加していった．子ども家庭福祉は，このような社会の変化を踏まえつつ，子どもの発達や親子関係を含めた子どもの育ちをより包括的に捉え，保障する考え方を示すものといえる．

第 2 節　子ども家庭福祉の内容

1．1990 年代以降の子ども家庭福祉のあゆみ

　子ども家庭福祉に関わる問題が重要視されるようになったきっかけの 1 つは，合計特殊出生率の低下であった．1989（平成元）年のいわゆる「1.57 ショック」を契機として，社会の安定を脅かす問題，すなわち少子化問題として社会の重要課題の 1 つに位置づけられたのである．以後，「エンゼルプラン」や「新エンゼルプラン」など，今でいうワーク・ライフ・バランスに関わる施策と保育施設の主に量的な面での拡充，さらに「新エンゼルプラン」以降は，母子保健や若者支援も含めた子ども・子育て支援が展開されてきた．

　さらに2003（平成15）年には，「次世代育成支援対策推進法」「少子化社会対策基本法」が制定され，「子ども・子育て応援プラン」（2004年）や「子ども・子育てビジョン」「少子化社会対策大綱」が少子化社会対策基本法を受けて制定された．また2015（平成27）年からは，「子ども・子育て支援新制度」が導入され，保育の量質両面での拡充や地域の活用，幼児教育を含む子育て支援が進められた．

　このように，「エンゼルプラン」をはじめとする取り組みによって，親・保護者の働き方や親の育てる権利の保障など，日本の子育て環境が有していた課題に向き合い，課題を解決しようという動きが進められている．しかし，子ども・子育ての家庭への依存傾向は未だに残っており，家庭や保育者など専門職への負担が大きいままとなっている．行政や地域をはじめとするさまざまな主体・社会の連携など，各家庭の状況に合わせた子育ての社会化を可能にする体制作りの必要性が，より高まっている．

2.　子ども家庭福祉の理念と法律

　「児童福祉法」は1947（昭和22）年に制定された．現代の子ども家庭福祉に関する諸制度の根幹になっている子ども家庭福祉の中核となる法律である．第1条では，すべての子どもが①生活を保障され，②愛され保護され，③心身の成長・発達を保障される，と規定している．また，1951（昭和26）年に制定された「児童憲章」においても，すべての子どもを対象とした発達や生活の保障が理念として示されている．

　しかし，「児童憲章」は法律ではなく，「児童福祉法」も，保護の必要な児童が戦後期には数多くいたため，実質的には理念に留まっていた．大きな転換点となったのは1994（平成6）年の「児童の権利に関する条約」の批准（1989年国連採択）で，子どもの権利とともにすべての子どもたちを対象とした福祉の視点がより明確となり，「児童虐待の防止等に関する法律」（2000年）など子どもと子どもの福祉に関わるさまざまな法制度が制定・改正されてきた．特に「児童福祉法」の2016（平成28）年の改正では，「児童の権利

に関する条約」の批准を受けて子どもが権利主体であることや，子どもの最善の利益を追求することが明記された（第2条）．

　「児童福祉法」ではさらに，親・保護者だけではなく国や地方公共団体，そしてすべての国民が子育てに携わること，家庭を支援することを明記している（第2条第3項・第3条）．これは，子どもの育ちを家庭だけで保障するのではなく，子どもにとって重要な場である家庭を社会が丸ごと支援の対象とすることで，子育ての環境を保障する子ども家庭福祉の理念を反映したものといえる．

3.　権利主体としての子ども

　子ども家庭福祉において重要となるのが，子どもの権利の視点である．従来の子どもに関わる福祉は，子どもたちを守るべきもの，弱いものととらえ，受動的な面を強く意識したものであった．しかし，子どもは個人として独立した存在，権利を行使する主体でもある．例えば子ども家庭福祉についても，福祉サービスの活用を誰かが認めるのではなく，子ども一人ひとりに備わった権利の行使としてとらえる必要がある．2000（平成12）年の「社会福祉基礎構造改革」においては，子ども家庭福祉分野に限らず，福祉を行う側の都合ではなく必要とする側の視点から福祉の活用をとらえるようになった．

　このような視点を明確にさせたのが，「児童の権利に関する条約」といえる．子どもは，権利を行使する，すなわち育つ権利を持つ主体であり，同時に育ちを支えられる存在，すなわち育てられる権利を持つ主体でもある．子どもたちの権利は大きく分けるとこの2つから構成されている．子ども期は，確立した個人でありながらも，周囲の大人との関わりが深い子どもという固有の時間を過ごす存在なのである．

　しかし，「子どもの権利条約」を日本が批准してから約30年が経過したものの，子どもたちの主体的権利が社会の中に定着するにはまだ時間が必要である．1990年代前半には，子どもの権利を積極的に認めることへの異議が取り沙汰されたこともあり，現代でも体罰の問題が未だに取り上げられてい

る．つまり，子どもの権利を浸透・定着させる取り組みは，これからが重要
な時期と考えられる．現代の子どもたちが自身や次世代の権利に敏感になり，
子どもの権利を社会に根づかせるうえでも，現状の問題を知り，さらに子ど
も時代の権利を守られる体験によって，権利を支える側になったときにも権
利の意識を確立させることにつなげる[2]ような，次世代の社会作りを後押し
する取り組みが不可欠となる．

4. 現代の子どもの育ちの現状

　子どもの権利は子どもと福祉をみるうえで不可欠であるが，現代社会には
子どもの権利を脅かすさまざまな課題がある．現代日本の子どもを取り巻く
環境と課題について，虐待と貧困を例にみていく．

(1)　虐待と子育ての困難

　子どもへの虐待は，子どもを取り巻く問題の中でも権利侵害の最たる例で
ある．虐待の類型は，身体的虐待・心理的虐待・性的虐待・養育放棄（ネグ
レクト）の4つがある．児童相談所の対応件数をみると，統計上の最多は心
理的虐待であるが，すべての区分で件数が増加している[3]．この推移は，子
どもの育ちへの関心が高まった結果ともいえるが，深刻な生活環境にある，
つまり育ちの環境が保障されていない子どもたちが依然として少なくないこ
とも示している．

　近年の重要な進展としては，「児童虐待の防止等に関する法律」での親権
への踏み込み（しつけの名目での暴力の禁止（第14条，2019年改正以降））や
虐待を受けたと思われる場合でも通告の対象となること，間接的な心理的虐
待（例：子どもにとって大切な存在が暴力を受けるところを目撃する）が虐待と
して認められるようになったことがある．これらは，子どもの権利の視点か
らも前進といえるだろう．ただ，虐待の背景の1つには，孤立育児などに代
表される，親が親として生きることの難しさがある．第1節でも触れたよう
に，現代は子育ての経験を得る機会が以前よりも少なく，実家や地域など周

囲の社会に頼りづらいことも珍しくない．子ども・子育て支援新制度をはじめ，これらを解消するための取り組みは以前よりも増えているものの，未だ孤立している家庭は少なからずあると推察される．虐待などの問題が起きてしまった場合に対応する仕組みを作ることと併行して，孤立を防ぐなど予防のための取り組みを行う必要がある．

(2) 貧困と子どもの育ち

　同じように子どもたちの権利を脅かす問題が貧困である．現代の日本では，主に相対的貧困，すなわち社会の「当たり前」とされる生活水準を脅かされる状態を指すことが多い．相対的貧困に対して，生存のために必要な最低限の生活水準を下回る状態が絶対的貧困とされる．日本では，数値の残る1985（昭和60）年以降は約1割が相対的貧困にあるとされ，直近（2021年）の子どもの貧困率は11.5％となっている[4]．また貧困の問題は，ひとり親家庭の困難と結びつくことが多く，特に母子家庭は約半数が相対的貧困状態にあるとされ[5]，雇用慣行等と相まって厳しい状態に置かれていることがうかがえる．

　子ども期の特徴の1つが，育てられる権利，すなわち親や保護者など子どもの育ちを保障する大人の生活環境の影響を強く受けることである[6]．この視点は，子どもと貧困の問題に向き合ううえで特に重要である．例えば長時間労働や低賃金など親の労働にかかわる問題は，親の状態を介して子どもの生活習慣や環境にも影響することになる．すなわち，親・保護者への働きかけは，子どもへの間接的な働きかけとなるのである．この点からも，子どもの周囲の大人に対する働きかけを通して子どもの権利保障の視点を深化させること，子ども「家庭」福祉としてとらえることの必要性が認識できる．

　最後に，子どもの貧困の問題は，経済面・生活条件での不利に加え，そこから派生して社会活動や経験上の不利にもつながること，さらに再生産につながっていくことが挙げられている[7]．すなわち，虐待への対応と同じく，子どもたちの今，すなわち現在の状況を改善することと，これからの育ちを

いかに保障するかという両面を見据える予防的な視点が不可欠なのである．

第3節　子ども家庭福祉の課題

　ここまでみてきたように，子ども家庭福祉に関する社会的な仕組みは，少しずつではあるが拡がりをみせている．しかし，子どもを持つことや，子どもの育ちの環境に対する不安の声は依然小さくない．その1つの帰結として表れているのが少子化である．課題の根幹にあるものの1つは，子ども・子育て家庭への「支援」と少子化「対策」が混同されたままになっていることが原因と思われる[8]．確かに，少子化対策を契機として，これまで家庭領域に押し込められてきた子ども・子育てに関わる問題や社会の無関心さに目が向くようになったと捉えることはできる．しかし子どもの権利は，少子化だから重視されるものではなく，子どもたち皆が有するものである[9]．子ども家庭福祉は，子ども，そして子どもを育てる親・保護者の権利を守るためにある．社会の変化に合わせて，守り方や守るべき事柄が変化するとしても，子どもの育つ権利・育てられる権利，親・保護者の育てる権利といった，子どもたちが社会の中で固有の存在として貴ばれるために必要な理念は変わらない．しかし，2016（平成28）年の「ニッポン一億総活躍プラン」で子育て支援が経済施策の一環として記載されていることなどからも，子どもの福祉に関わる社会的な取り組みについて，子どもの権利よりも少子化対策としての側面がまだ強い[10]という見方は妥当なものに感じられる．

　本質的な問題は，虐待の問題を例とすると「なぜ虐待に至るのか」，すなわち子育て家庭の抱える辛さや課題を解消できていないことにあると思われる．保育者をはじめとする支援者が，この視点を持つことは必須であるが，社会とその構成者が子育て家庭の抱える不安や辛さ，そしてこれらがなぜ生じているのかという問題に向き合わなければ，子どもにかかわる課題は解決に向かわない．子ども家庭支援，子育て支援の目的の1つは，このような家庭の抱える課題を緩和することを通し，子どもの育ちの環境を安定化するこ

とにある．子ども家庭福祉の担い手は，直接的には専門職などの「支援者」だが，本質的には子ども・子育て家庭の所属する社会全体だということを忘れてはならない．

　子ども・子育て家庭と抱えている課題への関心や支援の必要性，支援制度は拡がりをみせてはいる．しかし，実際に子どもたちの生活環境に社会の一人ひとりがいかにかかわるか，子どもたちの福祉を保障するために必要な理念やその意味が社会に根づいたか，今いちど問いかける必要がある．子どもの権利，育ちを守るとはどんなことなのか．この課題を，当事者や専門職に限らず，社会と社会を構成する全ての人が自分の課題として捉え直すことこそ，今後の子ども家庭福祉にとって最も重要なのではないだろうか．

注
1) 山縣文治・柏女霊峰（編集代表）『社会福祉用語辞典 第9版』ミネルヴァ書房，2021年，pp. 104, 144-145.
2) 垣内国光・岩田美香・板倉香子・新藤こずえ編『子ども家庭福祉――子ども・家族・社会をどうとらえるか』生活書院，2020年，pp. 64-65.
3) 厚生労働省政策統括官編『2021年度 福祉行政報告例』厚生労働統計協会，2023年，p. 25.
4) 厚生労働省『2022年 国民生活基礎調査結果の概況』https://www.mhlw.go.jp/toukei/saikin/hw/k-tyosa/k-tyosa22/dl/03.pdf（2023年10月6日閲覧）.
5) 同上（2023年10月6日閲覧）.
6) 松本伊智朗・湯沢直美編著『シリーズ子どもの貧困① 生まれ，育つ基盤　子どもの貧困と家族・社会』明石書店，2019年，p. 41.
7) 松本伊智朗・湯沢直美・平湯真人・山野良一・中嶋哲彦編著『子どもの貧困ハンドブック』かもがわ出版，2016年，pp. 12-15.
8) 垣内国光・櫻谷真理子編著『子育て支援の現在　豊かな子育てコミュニティの形成をめざして』ミネルヴァ書房，2002年，pp. 52-57.
9) 同上書，pp. 52-57.
10) 前掲『子ども家庭福祉 子ども・家族・社会をどうとらえるか』，pp. 101-3.

参考文献
浅井春夫編著『子ども家庭福祉』建帛社，2011年
一瀬早百合『社会福祉とわたしたち』萌文書林，2022年
野島正剛・大塚良一・田中利則編著『子どもの未来を育む 社会福祉』ミネルヴァ書房，2023年

林浩康『子どもと福祉 子ども・家族支援論』福村出版，2009 年

山縣文治『子どもの人権をどう守るのか──福祉施策と実践を学ぶ』NHK 出版，
2021 年

第10章　高齢者保健福祉

第1節　高齢者保健福祉とは

　総務省「人口推計」による 2022（令和4）年 10 月 1 日時点の 65 歳以上人口は約 3624 万人，高齢化率は 29.0% である[1]．現在の日本は概ね人口の 3 人に 1 人が高齢者という高齢社会になっている．

　一般に現在の日本では 65 歳以上の人を高齢者と呼んでいるが，時代や地域，それぞれの文化の違いなどにより，高齢者のイメージは大きく異なっている[2]．しかし，加齢に伴い，個人差はあるが，①身体の変化，②精神的な変化，③社会関係の変化，を経験する[3]．

　例えば，①心身の変化については，長年の生活習慣や加齢など複合的な要因によるさまざまな病気・ケガ・障がいが生じやすくなることなどが考えられる．②精神的な変化に関しては，記憶障がいなどにより日常生活に支障が生じる認知症などが代表的である．③社会関係の変化は，職業生活からの引退，子どもの独立，配偶者との死別などが考えられる．高齢者はこれらの変化に対応していく必要があるが，自ら対応することが難しいことも多い．しかし，日常生活の介助・介護をはじめ，就労や交流といった，社会参加の機会の確保など高齢者の生活をとりまく課題はさまざまである．

　では，どのような視点から高齢者の生活を支えていくことが必要であろうか．「老人福祉法」第 2 条では，法の基本的理念を次のように定めている．

　「老人は，多年にわたり社会の進展に寄与してきた者として，かつ，豊富な知識と経験を有する者として敬愛されるとともに，生きがいを持てる健全で安らかな生活を保障されるものとする」．

　この基本的理念が示すように，高齢者保健福祉とは，高齢者一人ひとりが，さまざまな知識や経験を備えた主体性を持った個人として尊重され，健やかに，生きがいをもって生活していくために必要なものといえる．

第2節　高齢者保健福祉の内容

1. 高齢者の介護・福祉

（1）　介護保険制度

　介護保険制度は，今日の日本の高齢者介護の中核となる制度である．高齢者の介護は長らく家庭における私的な介護の役割が大きかった．しかし，欧米主要国を上回る高齢化のスピード[4]，核家族化・都市化・雇用労働環境の変化など家庭の状況も変化し，高齢者の一人暮らしあるいは夫婦のみの世帯も増えてきた．「老々介護」「遠距離介護」という言葉に代表されるように，家族だけで高齢者の介護を担うことが困難な世帯も増えてきた．こうした状況の下，1997（平成9）年に「介護保険法」が成立し，2000（平成12）年の同法施行により介護保険制度がスタートした．

　介護保険制度においては，市町村・特別区が「保険者」（保険の運営主体）となり，保険料の決定や介護サービスの必要性を審査・判断する「要介護認定」など関連事務を行う．「被保険者」（保険を利用してサービスを利用する人）は，65歳以上の「第1号被保険者」と40歳以上65歳未満で医療保険に加入している「第2号被保険者」とに分かれる．第1号被保険者は年金からの天引き（特別徴収）または保険者に直接支払うこと（普通徴収）により保険料を支払い，第2号被保険者は加入している医療保険と併せて保険料を支払う．65歳以上の第1号被保険者に関しては，所得段階に応じて保険料が設定されている．介護保険制度で提供されるサービスは，要介護者に給付される介護給付，要支援者に給付される予防給付，身近な場所で継続的・包括的な支援を行う地域支援事業に大別される．

　被保険者は，65歳以上であれば介護が必要な状態になったとき，40歳以上65歳未満であれば老化に起因するものと指定された疾病（特定疾病，関節リウマチなど）により介護が必要になった場合に，それぞれ要介護認定の申請を行う．市町村は申請に基づき要介護認定を行い，介護の必要性を判断する．介護が必要と判断された場合，その必要性の度合に応じ，要支援1・2または要介護1～5の要介護度が認定される．サービスの利用を希望する場合は，介護支援専門員（ケアマネジャー）により，利用者の意思や希望を踏まえ介護サービス計画（ケアプラン）が作成され，サービス事業者と利用契約を結び，サービス利用開始となる．

(2)　給付の対象サービス

　介護給付・予防給付については，訪問介護（ホームヘルパー）などの「居宅（在宅）サービス」と，介護老人福祉施設（特別養護老人ホーム）など「施設サービス」，高齢者が住み慣れた地域で住み続けられるように，認知症対応型通所介護・共同生活介護（グループホーム）のように比較的小規模で，市町村の裁量により実施される「地域密着型サービス」がある．なお，利用できるサービスの量や種類は要支援・要介護度により異なっている．

1)　居宅（在宅）サービス

　居宅（在宅）サービスは訪問介護・訪問看護のように利用者の居宅で家事や介護，療養などの支援を行うもの，通所介護（デイサービス）・通所リハビリテーション（デイケア）のようにサービス提供事業所に通い介護やリハビリなどの支援を受けるもの，施設への短期入所，福祉用具の貸与（車いすなど）・購入費用の支給（入浴用のいすなど）・住宅改修費の支給（手すりの設置など）などがある．

2)　施設サービス

　施設サービスについては，主に常時介護が必要な人が入所する介護老人福

祉施設，病気やケガの状態が安定し自宅復帰を目指している人にリハビリや看護などのケアを提供する介護老人保健施設，長期的な医療ケアと介護の両方を必要とする人が入所する介護医療院がある．

3)　地域密着型サービス

地域密着型サービスには，認知症を持つ高齢者が家庭的な環境のもとケアを受けることができる認知症対応型共同生活介護（グループホーム）などがある．

これらのサービスついては，原則として利用者が利用したい事業者を選択し，契約によってサービスの利用を開始することができる．しかし，都市部では事業者が多く利用者の選択肢が多いものの，人口が少ない地域などでは限られたサービスしか利用できない，という課題もある．また，人口規模や人口構成の違いなどから介護保険料についても地域差が生じている．

(3)　地域支援事業

地域支援事業は，①介護予防・日常生活支援総合事業（総合事業），②包括的支援事業，③任意事業（市町村など保険者の裁量で行う事業）がある．

1)　介護予防・日常生活支援総合事業（総合事業）

介護予防・日常生活支援総合事業（総合事業）には，要介護認定で要支援と認定された人や要介護とは認定されなかったものの日常生活に困難を抱える虚弱高齢者などを対象とした介護予防・生活支援サービス事業と，一般の高齢者を対象とした一般介護予防事業がある．介護予防・生活支援サービス事業では，看護師や保健師など専門職が高齢者の自宅を訪問して情報提供や助言・指導を行ったり，掃除や買物などの支援を行ったりするものなどがある．一般介護予防事業では，公民館など身近な公共施設や市町村から委託された介護サービス事業所などで，健康づくり教室や趣味のサークル活動など

が行われ，健康維持や生きがいづくりなどの機会が提供されていることが多い．

2)　包括的支援事業

包括的支援事業は，住民の身近な地域に設置される地域包括支援センターの運営を通じて，①総合的な相談支援，②介護予防ケアマネジメント（要支援・要介護状態になる可能性がある高齢者等に対する介護予防），③包括的・継続的ケアマネジメント支援（地域のネットワークづくり等），④権利擁護，などの業務を行う．地域包括支援センターは，地域の社会資源を活用して，分野・制度横断的に高齢者の生活支援を図る，地域包括ケアの要ともいえる機関であり，市町村またはその委託を受けた法人により設置・運営され，専門職として保健師，社会福祉士，主任介護支援専門員が配置されている．

3)　任意事業

任意事業は，市町村などが地域の実情に応じて，独自に判断して実施する事業である．

2011（平成23）年の「介護保険法」の改正では，高齢者が住み慣れた地域で暮らし続けられる環境の整備や，今後増大し続ける高齢者の介護ニーズへの対応，とりわけ認知症高齢者の地域生活を支える必要性などの観点から，地域包括ケアシステムの推進が明確に打ち出された．「地域包括ケア」とは「要介護者が住み慣れた地域でできる限り生活し続けることを支えるために，個々の要介護者の状態や置かれている状況，生活の場の変化に応じて，必要な支援を継続的・包括的に提供するケアのあり方」[5]を指している．

終戦直後に生まれ，人口が多い第一次ベビーブーム世代（団塊世代）が2025（令和7）年には後期高齢者となり[6]，介護を必要とする高齢者が増加することが見込まれる[7]．また，高齢者のいる世帯，一人暮らし世帯は増加を続けており[8]，要介護認定者も増加を続けている[9]．身近な地域で高齢者の生活をさまざまなセクターが連携して支える地域包括ケアシステムの構築

は急務となっている.

(4)　介護保険制度以外の制度

　介護保険制度以外の高齢者福祉に関する制度・サービスについては,「老人福祉法」に基づき,「養護老人ホーム」(環境上の理由及び経済的理由で居宅で生活することが難しい 65 歳以上の人が入所対象),「軽費老人ホーム」(主に身体機能の低下などにより自立した生活が困難で,家族による援助が難しい 60 歳以上の人が入所対象),「老人福祉センター」(高齢者の相談や健康づくり,レクリエーションや交流の場として運営されている)などがある.

　このほか,認知症などにより意思表示や物事の判断が難しい高齢者にとっては,預貯金の管理や各種サービス利用に関わる契約や手続きなどが困難で,日常生活に支障をきたしたり,不利益を被ったりする場合もある.こうした判断能力が不十分な状態になった人の自己決定を尊重し,その権利を擁護するために「成年後見制度」がある.成年後見制度は,「法定後見」(根拠法:「民法」)と,「任意後見」(根拠法:「任意後見契約に関する法律」)がある.介護保険制度の地域支援事業では権利擁護事業を行うこととなっており,地域包括支援センターが,成年後見制度に関する情報提供や成年後見制度を利用する必要性が高い人に対する支援などを行っている.

2.　高齢者の保健医療

　高齢者医療については,1982(昭和 57)年に制定された「老人保健法」をもとに施策が実施されてきたが,高齢化の進展に伴う医療費の増大と国民負担の公平化・明確化をねらいとして,2008(平成 20)年には「高齢者の医療の確保に関する法律」に改題・改正された.同法に基づき,75 歳以上の高齢者(後期高齢者)は,75 歳未満の医療保険から独立した後期高齢者医療制度により医療サービスが提供されることとなった.

　後期高齢者医療制度では,医療サービスの給付や保険料の決定などは,都道府県ごとに全市町村が加入する後期高齢者医療広域連合が運営主体となっ

て行う．被保険者は 75 歳以上の者及び 65〜74 歳で広域連合の認定を受けた者である．

　後期高齢者医療制度の被保険者が医療機関などを受診した場合，医療費の 1 割（一定所得以上の者は 2 割または 3 割）を自己負担する．医療費が高額となった場合は，年齢や所得に応じて定められた上限額を超えた分を払い戻す高額療養費制度がある．また，医療費と併せて介護保険サービスの自己負担額が高額になった場合は，これらを合算して一定の金額以上を払い戻す高齢介護合算療養費制度もある．

　高齢者保健に関しては，かつては「老人保健法」を中心に事業が実施されていたが，今日では「高齢者の医療の確保に関する法律」や「健康増進法」「介護保険法」などに基づく事業が展開されている．「高齢者の医療の確保に関する法律」に基づくものでは 40〜74 歳を対象とした特定健康診査（特定健診），「健康増進法」に基づくものとしては歯周疾患検診や骨粗しょう症検診などがある．「介護保険法」では地域支援事業の中の総合事業において，介護予防に関する取り組みが行われている．

第3節　高齢者保健福祉の課題

　今後の高齢者保健福祉における重要な課題としては，先述した地域包括ケアシステムの構築があげられる．高齢者が住み慣れた地域で暮らし続けるためには，介護が必要な状態になる前の介護予防，加齢による心身の衰えが生じてからは生活支援（例：買い物，通院，外出），他者との交流，社会参加の機会づくりも重要となる．要介護状態となった場合には，高齢者一人ひとりの状況に応じた介護サービスの提供や介護にかかわる家族の支援など，継続的かつ高齢者の生活全体をとらえた包括的な支援が必要となる．そのためには，行政や事業者，地域住民などが連携し，高齢者の生活を支える地域づくりが必要である．

　高齢者の地域生活を考える上では，認知症がある高齢者への支援も重要で

ある．認知症は，脳の病気や障がいなどにより，記憶が損なわれるなどの認知機能障がいや，不安や怒りやすくなるなどの精神症状が現れ，日常生活に支障をきたす状態を指す[10]．そのため，認知症の当事者である高齢者本人の心身の負担はもとより，家族の負担も大きい．認知症に関する普及啓発や地域の支援体制の構築も課題である．

　高齢者虐待の問題も座視することはできない．高齢者の介護は，介護する家族など介護者にとっては，身体的・精神的負担が大きい場合もある．これらの負担が高齢者虐待を誘発する要因になることが懸念される．高齢者に対する虐待は，高齢者個人の尊厳を侵し，心身に深刻な影響を与えるものであり，その防止は特に重要である[11]．

　高齢者の地域生活の継続においては，住まいの問題もある．高齢期に入ると身体機能の衰えから，住居のバリアフリー化の必要性も高まる．また，職業生活から離れ，所得が減少する年代にさしかかるため，賃貸住宅などで生活している高齢者には住宅の確保が課題となる．一人暮らしや高齢者のみの世帯が増加する中，高齢者が安心して住み続けられる住まいの確保は大きな課題である．

　社会参加については，就労など収入の確保や交流など生きがいづくりにおいて重要な意義がある．しかし，就労についていえば，労働市場の人材需要とのマッチングや若年者など他の世代の就業機会の確保などの課題がある．平均寿命の延伸により，長くなった「老後」をより豊かなものにするためには，高齢者がその経験と知識を生かして職業生活や社会活動に参加することも重要である．

　このように，高齢者の保健福祉に関わる課題やそれに対応する制度は多岐にわたっている．これは「老いる」ことがその人の生活全般に影響を与えるためである．人は誰でも老いる．すなわち高齢者の抱える保健福祉の課題は，高齢者だけでなく，すべての人に関わる課題と考えることもできるだろう．

注

1) 内閣府『高齢社会白書 令和5年版』日経印刷，2023年，pp. 2-4.
2) 一般社団法人日本ソーシャルワーク教育学校連盟編集『高齢者福祉（最新社会福祉士養成講座2)』中央法規出版，2021年，pp. 2-3.
3) 水野喜代志編著『実践と理論から学ぶ高齢者福祉』保育出版社，2009年，pp. 14-16.
4) 前掲『高齢社会白書』p. 8.
5) 山縣文治・柏女霊峰ほか『社会福祉用語辞典（第9版)』ミネルヴァ書房，2013年，p. 264.
6) 前掲『高齢社会白書』p. 4.
7) 前掲『高齢社会白書』p. 9.
8) 前掲『高齢社会白書』p. 10.
9) 前掲『高齢社会白書』p. 29.
10) 九州社会福祉研究会編『21世紀の社会福祉用語辞典（第1版)』学文社，2013年，p. 361.
11) 2005（平成17）年に成立，翌2006（平成18）年から施行された「高齢者虐待防止法」（高齢者に対する虐待の防止，高齢者の養護者に対する支援等に関する法律）をはじめとする高齢者虐待防止対策においては，虐待の予防，虐待を受けた高齢者と同時に養護者（家族等）の支援，積極的なアプローチが重要な視点とされている．

参考文献

石川久『福祉行政はやわかり』学陽書房，2013年
一般社団法人日本ソーシャルワーク教育学校連盟編集『高齢者福祉（最新社会福祉士養成講座2)』中央法規出版，2021年
井村圭壯・今井慶宗編著『社会福祉の基本体系（第5版)』勁草書房，2017年
厚生労働統計協会『国民の福祉と介護の動向』第68巻第10号，厚生労働統計協会，2021年
厚生労働統計協会『国民の保険と年金の動向』第68巻第14号，厚生労働統計協会，2021年
直井道子・中野いく子・和気純子編『高齢者福祉の世界（補訂版)』有斐閣，2014年
水野喜代志編著『実践と理論から学ぶ高齢者福祉』保育出版社，2009年

第11章　障がい者福祉

第1節　障がい者福祉とは

1. 障がい福祉施策の歴史的経緯

　日本の障がい福祉において，第二次世界大戦後の1947（昭和22）年，戦争孤児の救済を主な目的に制定された「児童福祉法」（障がい児含む）が重要とされている．

　その後，1949（昭和24）年に「身体障害者福祉法」が制定され，「身体障害者手帳」の交付等が推進された．同法は，職業訓練等が中心であったが，重度障がいに対する保障や内部機能（心臓等）の障がいにまで幅を広げる等，徐々に充実していった．

　1950（昭和25）年，精神障がい者の医療や保護の整備を図ることを目的として「精神衛生法」が制定された．

　1960（昭和35）年，知的障がい者を対象に「精神薄弱者福祉法」が制定され，各地に施設が建設される等の整備が推進された．

　障がい福祉の創成期には，保護的で障がいごとの施策が中心であった．しかし，現在は，総合的な施策の整備をはじめ，地域生活を基盤とした自立・自律の支援へと転換されてきている．

2. 障がい福祉の概念と対象

　障がいの有無に関係なく，地域の中で共に生きることが，保障されなければならない．この考えは，「ノーマライゼーション」と言われ，その思想は，

障がい福祉の歴史において「知的障害者の福祉施策に関して，これまでの入所施設中心の政策についての批判」[1]として広がり，北欧，北米諸国を中心に脱施設化が進行した．

日本では，1993（平成5）年に「障害者基本法」が制定された．同法では，「障害の有無にかかわらず，等しく基本的人権を享有するかけがえのない個人として尊重されるものであるとの理念」により，「人格と個性を尊重し合いながら共生する社会を実現する」ことを目的としている．さらに，同法では，「身体障害，知的障害，精神障害（発達障害を含む．）その他の心身の機能の障害」及び「障害及び社会的障壁により継続的に日常生活又は社会生活に相当な制限を受ける状態」の者を障がい者と定義している．

第2節　障がい者福祉の内容

1.「障害者総合支援法」の目的と理念

障がい者福祉は，2013（平成25）年に施行された「障害者の日常生活及び社会生活を総合的に支援するための法律（障害者総合支援法）」を根拠として，サービスの整備が図られている．サービスは，「障害者及び障害児が基本的人権を享有する個人としての尊厳にふさわしい日常生活又は社会生活を営む」と規定され，「地域生活支援」を含めた総合的支援とされている．

本法の理念は，「障害の有無によって分け隔てられることなく，相互に人格と個性を尊重し合いながら共生する社会を実現する」ことや「可能な限りその身近な場所において必要な日常生活又は社会生活を営むための支援を受けられること」等，すべての人々が共に生きる社会を目指すことが示されている．

2.「障害者総合支援法」におけるサービスの概要

本法は，重度訪問介護の対象拡大等，これまでサービスの充実を図るため

の改正が適宜行われてきた．現在，本法におけるサービスの方向性としては，障がいの高齢化・重度化への対応，住みなれた地域における住まいの確保等である．

　本法は，以下の通り，具体的にサービス内容を示している．

　1つ目は，個別に支給決定されるサービス（介護と訓練等）である．このサービスにおいて，介護は「介護給付」，訓練等は「訓練等給付」に分けられ，個々の状況や目的に合せて提供される．

　2つ目は，各自治体の独自性や創意工夫によって柔軟に行われる「地域生活支援事業」であり，各自治体の地域性を踏まえた特色あるサービスが整備されている．

3.「障害者総合支援法」におけるサービス利用のプロセス

　本法では，すべてのサービス利用の申請は，利用者本人が行うことを原則としている．申請先は，居住市町村・特別区であり，各自治体において行われる．サービス利用の申請が受理されれば，申請先の自治体によるアセスメントが調査員によって実施され，心身状況等について調査される．次に，その調査結果と医師の意見書等を踏まえ，サービスの適否を確認後，サービスの支給決定が各自治体にて行われる．サービスの支給決定を受けた利用者は，利用にあたっての利用契約をサービス提供事業者と結び，サービス利用となる．

　なお，「介護給付」のサービスを受けるためには，「障害支援区分認定」を受けなければならず，最も重度な障がいは「区分6」，最も軽い障がいは「区分1」と，ランク分けされる．「介護給付」によるサービスを受けたいと思っていても，「障害支援区分認定」が「非該当」と認定された場合，サービスを受けることができない．希望のサービスを受けることができない場合は，都道府県に対して，「審査請求」を行い，再調査の依頼や決定の変更等を申し立てることができる．

　サービスの手続きを本人や家族だけで行うことは困難な面もあるため，本

法では，サービス利用の手続きや相談を専門的に担う機関を「相談支援事業所」としている．「相談支援事業所」に配属されている相談支援専門員によって，サービス利用にあたっての計画作成や相談等が行われている．

4.「障害者総合支援法」におけるサービスの費用負担

　本法では，サービスの利用にあたって，家計の負担能力に応じた利用料とするために，所得等に応じた「応能負担」となっている．また，「生活保護世帯」や「非課税世帯」の利用料の負担は，一切ないため，必要なサービスの利用が経済的理由により制限されることはない．

　その他，費用負担が高額な人には，「高額障害福祉サービス等給付費」の支給や地方自治体独自の軽減措置等も行われ，経済的な支援が整備されている．さらに，義肢，装具，車椅子等の「補装具」については，所得区分に応じた利用者負担の上限額が決められており，所得に応じた費用の補助を受けることができる．同じく，心身の障がいを除去・軽減するための医療である「自立支援医療」についても所得に応じた利用者負担の上限額が決められており，適切に医療を受けることができる仕組みとなっている．

　各自治体が実施する「地域生活支援事業」の費用負担については，各自治体が柔軟に決定できるため，各自治体間で負担額の違いがみられる．

5.「障害者基本法」の理念

　「障害者基本法」は，障がい福祉における基盤的な法律となっている．本法の第1条では，「全ての国民が，障害の有無にかかわらず，等しく基本的人権を享有するかけがえのない個人として尊重されるものであるとの理念にのつとり，全ての国民が，障害の有無によつて分け隔てられることなく，相互に人格と個性を尊重し合いながら共生する社会を実現するため，障害者の自立及び社会参加の支援等のための施策に関し，基本原則を定め，及び国，地方公共団体等の責務を明らかにするとともに，障害者の自立及び社会参加の支援等のための施策の基本となる事項を定めること等により，障害者の自

立及び社会参加の支援等のための施策を総合的かつ計画的に推進する」と社会全体で障がい者を「個人として尊重」し，社会における障がい者の「完全参加と平等」を保障することで共生社会を築いていくことを規定している．

6. 障がい者の雇用と工賃保証

(1) 「障害者雇用促進法」と雇用

　本法は，障がい者の雇用について，「均等な機会及び待遇の確保」や「能力を有効に発揮することができるようにするための措置」等，雇用促進の目的や意義について示している．また，雇用の促進だけに留まらず，「職業リハビリテーションの推進」や「障害者に対する差別の禁止」についても示し，職業生活の安定と継続を目指している．特に，「職業リハビリテーションの推進」については，地域ごとに障害者職業センターを設置し，「障害者職業カウンセラー」による職業評価・指導，調査研究等を行っている．

　さらに，障がい者の雇用を推進するために，「雇用率制度」を定めており，事業主に対して，全従業員数に対して，障がい者を一定の割合で雇用することを義務づけている．対象となる国や地方公共団体，民間企業等は，何人の障がい者を雇用しなければならないかといった「障害者雇用率」が決められている．

(2) 障害者優先調達推進法

　本法は，障がい者の就労支援施設（就労継続支援 A・B 型等）で就労する障がい者の経済面を支えるため，国や地方公共団体等の公的機関が，物品やサービスを調達する際，就労支援施設から優先的・積極的に購入（契約）することを推進するために施行された．本法によって，就労支援施設を利用されている障がい者の工賃が年々向上し，経済的な自立につながってきている．

7. 「障害者総合支援法」における就労支援サービス

　「障害者総合支援法」では，就労支援サービスとして，以下 4 種類を位置

づけている．個々の稼働力や障がい状況によってサービスが選択できるように
なっている．

(1)　就労移行支援

就労を希望し，一般企業等に雇用契約に基づく就労が可能と見込まれる障
がい者に対して，一定期間（原則 2 年を目途），就労に向けて必要な知識及び
能力の向上のための支援を行う．

(2)　就労継続支援 A 型

一般企業等に雇用されることが困難であって，雇用契約に基づく就労が可
能である障がい者に対して，雇用契約の締結等による就労の機会の提供及び
生産活動の機会の提供による支援を行う．

(3)　就労継続支援 B 型

一般企業等に雇用されることが困難であり，「働きたい」意向があるもの
の，雇用契約に基づく就労が困難である障がい者に対して，就労の機会の提
供及び生産活動の機会の提供による支援を行う．

(4)　就労定着支援

一般企業等に雇用された障がい者に対し，仕事とプライベートの両面から
相談に応じ，障がい者と雇用主との関係を調整しながら，雇用の継続や充実
した雇用内容等を目指して支援を行う．

8.　障がい特性に応じた各法律

障がい者の福祉は，以下の通り「障がい」種別ごとに法律があり，「障が
い」の特性に応じた内容となっている．

身体障がいは，「身体障害者福祉法」の第 4 条において，身体障がい者と
は，「身体上の障害がある十八歳以上の者であって，都道府県知事から身体

障害者手帳の交付を受けたものをいう」としている．本法では，視覚，聴覚，肢体，心臓等の機能別に障がいの程度を等級によって示している．また，本法では，盲導犬や聴導犬，手話通訳等，個別ニーズに対応することも明記している．

　知的障がい者に対する「知的障害者福祉法」では，「知的障害者の自立と社会経済活動への参加を促進するため，知的障害者を援助するとともに必要な保護を行い，もつて知的障害者の福祉を図ることを目的」（第1条）に制定されている．

　発達障がいについては，「発達障害者支援法」の第2条において，「自閉症，アスペルガー症候群その他の広汎性発達障害，学習障害，注意欠陥多動性障害その他これに類する脳機能の障害であってその症状が通常低年齢において発現するものとして政令で定めるもの」と定義している．また，発達障がい者（児）の支援を総合的に行う専門機関として，都道府県・政令指定都市に発達障害者支援センターが設置され，地域における総合的な支援体制整備の推進役として，関係機関との連携や，支援ネットワークの構築を進めている．

　精神障がいについて，「精神保健及び精神障害者福祉に関する法律（精神保健福祉法）」の第5条で「精神障害者」とは，「統合失調症，精神作用物質による急性中毒又はその依存症，知的障害その他の精神疾患を有する者」と定義している．本法では，精神科病院への入院等，精神障がい者の支援について示している．

第3節　障がい者福祉の課題

1. 施設・病院生活から地域生活への移行

　障がいの有無に関係なく，地域の中で「共に生きる」社会を構築するために，「障害者総合支援法」によって福祉サービスが整備されている．特に次の3つの支援形態については，段階的に施設・病院の入所・入院生活から地

域生活へ移行するための支援として位置づけられている．

　最初の基本的な支援として，「地域移行支援」がある．この支援では，障害者支援施設や病院等に入所・入院されている障がい者を対象に住居の確保等によって地域生活を推進することを目標に行われる．

　次に「自立生活援助」は，グループホームや障害者支援施設，病院等から退所・退院した障がい者を対象に訪問や日常生活に必要な支援を展開することを目的として行われる．

　最後の「地域定着支援」は，居宅において単身で生活している障がい者を対象に常時の連絡体制を確保し，緊急時には必要な支援を行っている．地域での生活をゴールとするのではなく，いかに地域に根づいて生活を継続することができるのかが重要であり，地域生活を継続するための支援である．

　しかし，いずれの支援も期限が限られており，地域の支援体制も決して十分とは言えない．こうした中，施設・病院の生活から地域生活への促進が滞っている現状もみられている．今後は，個々の障がい者を地域全体の支援ネットワークの中に包み込み，地域の社会資源の充実化と地域住民の助け合いを推進していくことが必要である．

2.「障害者虐待防止法」と障がい者虐待

　厚生労働省は，2021（令和 3）年度，都道府県・市区町村の障がい者虐待に関する状況について全国調査を実施した．2023（令和 5）年度に厚生労働省から報告された調査結果によると，2021（令和 3）年度における養護者による虐待の通報件数は 7337 件に上り，虐待と判断された件数も 1994 件となっている[2]．

　虐待行為としては，複数回答で，身体的虐待（1352 件）が最も多く，次に心理的虐待（619 件），経済的虐待（316 件），放棄・放置（248 件），性的虐待（73 件）となっている．被虐待者の障がいは，知的障がいが最も多く，次に精神障がい，身体障がい，発達障がいの順となっている[3]．

　表面化された虐待は，氷山の一角であると考えられており，虐待件数は

年々増加している.

　そうした状況において，2012（平成24）年から施行された「障害者虐待の防止，障害者の養護者に対する支援等に関する法律（障害者虐待防止法）」により，障がい者虐待の防止・解決に大きな期待が寄せられてきた．しかし，専門機関（専門職員）であっても，密室で発生している虐待を発見，対応することの難しさがあり，本法が十分活用されていると言い難い状況もある.

　今後，本法を有効に活用し，障がい者虐待の防止・解決のために，障がい者虐待に対する立入検査体制の整備や円滑な介入方法の促進，障がい者支援の専門性を有する職員の育成・配置が急務である.

注
1) 知的障害者の意思決定支援等に関する委員会編『知的障害者の意思決定支援ハンドブック　現場で活かせる意思決定支援「わたしたちのことを，わたしたち抜きに決めないで」の実現に向けて』公益財団法人日本知的障害者福祉協会，2017年，p.22.
2) 厚生労働省『令和3年度 都道府県・市区町村における障害者虐待事例への対応状況等（調査結果）』厚生労働省 Press Release，2023年.
3) 同上.

参考文献
井村圭壯・今井慶宗編著『社会福祉の形成と展開』勁草書房，2019年
厚生労働省社会・援護局障害保健福祉部『令和3年度「障害者虐待の防止，障害者の養護者に対する支援等に関する法律」に基づく対応状況等に関する調査結果報告書』厚生労働省 Press Release，2023年
社会福祉法人大阪ボランティア協会編『福祉小六法2023』中央法規出版，2022年
全国社会福祉協議会編『障害福祉サービスの利用について』全国社会福祉協議会，2021年
独立行政法人高齢・障害・求職者雇用支援機構『就業支援ハンドブック（令和5年2月改訂版）』社会福祉法人東京コロニー東京都大田福祉工場，2023年
日置真世編『障がいのある人への本人主体支援 実践テキスト』中央法規出版，2022年
内閣府『令和5年版障害者白書』勝美印刷，2023年

第 12 章　生活保護

第 1 節　生活保護とは

　人が生きる根底には，生活の充足が不可欠である．人は，自分が求める生活の獲得に日々努めている．しかし，病気，障がい，老齢，失業，借金，離縁，依存症，DV，ひきこもりなどでそれまでの生計を維持できなくなる事態に陥ることもある．経済的に困難な状況になれば，その人が望む生活や生き方ができなくなるばかりか，一人の人間としての尊厳が保持できなくなることもある．「日本国憲法」第 25 条は，「すべて国民は，健康で文化的な最低限度の生活を営む権利を有する」と，国民の生存権を明記している．「健康で文化的な最低限度の生活」とは，人間としての生活を意味し，すべての国民には人間らしく生きる権利がある．

　生活保護は，「日本国憲法」第 25 条に準拠して定められた「生活保護法」により，生活に困窮する国民に対し最低限度の生活に必要な所得を保障する制度である．所得保障の制度には，加入者からの保険料が主な財源となる年金や雇用保険などの社会保険と，国の財源から賄われる公的扶助があり，生活保護は後者にあたる．

　生活保護の目的は，「生活保護法」第 1 条で，「日本国憲法第 25 条に規定する理念に基き，国が生活に困窮するすべての国民に対し，その困窮の程度に応じ，必要な保護を行い，その最低限度の生活を保障するとともに，その自立を助長すること」と示されている．

　生活保護に対する国民の認識は，「最低限度の生活を保障する制度」との受け止め方が強い．しかし，生活困窮者が再び自立した生活を取り戻すため

には，自立を助長するための働きかけが必要で，そのための相談援助・支援活動を展開することも生活保護の重要な役割といえる．

第2節　生活保護の内容

1. 生活保護の原理・原則

　生活保護の実施にあたり，「生活保護法」では，法の解釈と運用に関する以下の4つの基本原理を明示している．

(1)　国家責任の原理（第1条）
　「日本国憲法」第25条に規定する理念に基づき，すべての国民の最低生活は，国家責任によって保障されることを定めた原理である．

(2)　無差別平等の原理（第2条）
　すべての国民が，法に定める要件を満たす限りにおいて，無差別平等に保護を受けることができることを定めた原理である．

(3)　最低生活保障の原理（第3条）
　法で保障する「最低限度の生活」は，健康で文化的な生活水準を維持することができるものでなければならないという原理で，「日本国憲法」第25条の規定を保障するものである．

(4)　保護の補足性の原理（第4条）
　保護は，生活に困窮する者が，その利用しうる資産，能力その他あらゆるものを，その最低限度の生活の維持のために活用すること，また，民法に定める扶養義務者の扶養及びその他の法律に定める扶助を優先して行うことを前提に，あくまでその「補足」として活用することを要件に

定めた原理である.

また, 同法では, その目的遂行のために遵守すべき運用上の原則として, 以下の 4 つの原則を定めており, これに基づき生活保護が実施される.

(1)　申請保護の原則 (第 7 条)

保護は, 要保護者, その扶養義務者またはその他の同居の親族からの申請に基づいて開始されることを原則としている. 要保護者が急迫した状況にあるときは, 保護の申請がなくても, 必要な保護を行うことができるが, 原則, 申請行為を前提としている.

(2)　基準及び程度の原則 (第 8 条)

保護にあたっては, 厚生労働大臣の定める基準により測定した要保護者の需要を基とし, そのうち, その者の金銭または物品で満たすことのできない不足分を補う程度において行うことを原則としている. なお, 厚生労働大臣の定める基準は, 要保護者の年齢別, 性別, 世帯構成別, 所在地域別その他保護の種類に応じて必要な事情を考慮した最低限度の生活の需要を満たすに十分なものであって, かつ, これを超えないものでなければならないとされている.

(3)　必要即応の原則 (第 9 条)

保護は, 要保護者の年齢別, 性別, 健康状態などその個人または世帯の実際の必要の相違を考慮して, 有効かつ適切に行うことを原則としている.

(4)　世帯単位の原則 (第 10 条)

保護は, 世帯を単位としてその要否及び程度を定めることを原則としている. ただし, これによりがたいときは, 個人を単位として定めることができるとしている.

2. 生活保護の種類と内容

(1)　生活保護の種類と内容

　生活保護は，①生活扶助，②教育扶助，③住宅扶助，④医療扶助，⑤介護扶助，⑥出産扶助，⑦生業扶助，⑧葬祭扶助の 8 種類の扶助で構成されており，要保護者の必要に応じて支給される．各扶助の主な内容は**表 12-1** の通りである．

(2)　生活保護の支給方法

　生活保護の支給方法には，要保護者の必要に応じ，1 種類の扶助のみ支給する「単給」と，必要に応じ複数の扶助を組み合わせて支給する「併給」がある．また，各扶助で行われる支給には，「金銭給付」と「現物給付」がある．「金銭給付」とは，金銭の給与または貸与によって保護を行うことをいう．一方，「現物給付」は，物品の給与または貸与，医療サービスや介護サービスの給付，役務の提供その他金銭給付以外の方法で保護を行うことをいう．

表 12-1　生活保護の種類と内容

種類	内　　　容	方法
①生活扶助	• 衣食や光熱費など日常生活の暮らしに要する費用	金銭給付
②教育扶助	• 義務教育にともなって必要な学用品や給食費などの費用	金銭給付
③住宅扶助	• 家賃や住居の補修などに要する費用 • 宿泊提供施設による現物給付もある	金銭給付
④医療扶助	• 診療，薬剤などに要する費用で，医療券を発行し，医療サービスを給付	現物給付
⑤介護扶助	• 居宅介護，施設介護，福祉用具などの費用で，介護券を発行し，介護サービスを給付	現物給付
⑥出産扶助	• 出産に必要な費用	金銭給付
⑦生業扶助	• 就労に必要な技能の修得など仕事に就くための費用	金銭給付
⑧葬祭扶助	• 葬式に必要な費用	金銭給付

（3）　施設保護

　生活保護は，被保護者の居宅で保護を行う居宅保護を原則としている（「生活保護法」第30条）．しかし，それが困難で，保護の目的を達しがたいときや，被保護者が希望したときは，被保護者を保護施設又は日常生活支援住居施設に収容して扶助を行うことが認められている（ただし，入所を強制することはできない）．「生活保護法」で規定されている保護施設には，その目的に応じ，①救護施設，②更生施設，③医療保護施設，④授産施設，⑤宿所提供施設の5種類がある（同法第38条）．なお，日常生活支援住居施設は，「社会福祉法」に基づく施設である（同法第2条第3項第8号）．

3.　生活保護の費用

　生活保護にかかる費用については，公費によって賄われる．その内訳は，国が4分の3を負担し，都道府県及び市（特別区を含む），福祉事務所を設置する町村が4分の1を負担している．

　2021（令和3）年度の生活保護費負担金の実績額は約3兆5208億円，そのうち医療扶助費が49.9％，生活扶助費が29.6％，住宅扶助費が17.0％を占めている[1]．

4.　生活保護の実施

（1）　実施機関

　生活保護制度を所管しているのは厚生労働省であるが，保護の決定と実施に関する権限は，都道府県知事，市長及び福祉事務所を管理する町村長にある．ただ多くの場合，それらの者から権限を委任された福祉事務所がこれを担っている．福祉事務所は，「社会福祉法」第14条に規定される「福祉に関する事務所」のことで，都道府県及び市は必置，町村は任意設置の現業機関である．

　福祉事務所には，所長，査察指導員，現業員及び事務職員を置くことが義務づけられており，そのうち査察指導員と現業員（いわゆる「ケースワーカ

ー」）については，社会福祉主事の資格を有する者が当たることになっている．

　現業員は，要保護者への面接や家庭訪問により，本人やその家族の生活状況，収入や資産などを調査し，保護その他の措置の必要性の有無やその種類を判断するほか，本人に対し生活指導を行うなどの事務を司る．

(2)　実施過程

　生活保護の相談・申請から受給開始までの流れは，①相談→②申請→③調査→④審査→⑤決定の過程をとる．はじめに，要保護者が住んでいる市町村の福祉事務所に相談し，原則，本人が申請を行う．申請をする際には，申請書とともに指定された添付書類[2]を提出する必要がある．その後，審査に必要な調査を受ける．調査には，現業員が要保護者の自宅を訪問し生活状況などを把握する実地調査，預貯金や不動産などの資産を確認する資力調査（ミーンズ・テスト），年金や各種手当などの給付と就労収入に関する調査，就労の可否に関する調査，親族（扶養義務者[3]）による扶養の可能性に関する調査（親族への扶養照会）がある．

　以上の調査の結果を踏まえ，生活保護の受給の可否と，保護が必要と認められた場合の扶助の種類と程度及び方法が審査される．審査の決定は，原則，申請から 14 日以内に書面で通知される（特別な理由がある場合は，最長で 30 日以内）．決定の結果，保護が認められれば，受給開始となる．

(3)　保護の基準

　生活保護の受給審査において，保護の要否及び程度の判断は，「生活保護法」第 8 条の厚生労働大臣が定める基準に基づき行われる．この基準は，生活保護基準と呼ばれるもので，同法第 3 条で保障する最低生活水準を金額で示したものである．生活保護基準は，要保護者の年齢，世帯構成，所在地域などで異なり，個々の状況に応じて算定された最低生活費と要保護世帯の認定された収入額とを比較した結果，不足分が認められた場合に，保護が必要

であると判断され，その差額分が保護費として毎月支給される．

5. 生活保護制度における自立支援と就労支援

生活保護制度の目的は，生活困窮者の最低生活を保障するとともに自立を助長することにある．しかし，実際のところは，最低生活の保障に偏重した取り組みがなされてきた．そこで，2005（平成 17）年度から，被保護者の抱える問題の多様化や被保護世帯数の増加，実施機関における担当職員の不足と経験不足という問題を足掛かりに，これまでの経済的給付に加えて自立や就労を支援する「自立支援プログラム」が導入されることとなった．自立支援プログラムは，実施機関ごとに自立支援の具体的な内容や実施手順などを定めたものである．

その後 2013（平成 25）年には，生活保護に至る前段階での自立支援策を強化することを目的に「生活困窮者自立支援法」が成立し，2015（平成 27）年度から施行された．この「生活困窮者自立支援法」の制定により，わが国の生活困窮者対策は，第 1 のセーフティネットとして社会保険制度，第 2 のセーフティネットが生活困窮者自立支援制度，第 3 のセーフティネットが生活保護制度と，3 層構造での保障体制が確立され，最低生活の保障と自立支援の両面からのより重層的な支援が可能となった．

第 3 節　生活保護の課題

2021（令和 3）年度の生活保護の受給者数は約 204 万人で[4]，ここ数年は減少傾向にある．このうち，高齢者の受給者が全体の約 52% を占める[5]．平均寿命が延び長寿化している中で，稼働による収入がすでにない高齢者が生活困窮に陥った場合，経済的な自立を促すことは困難で，保護期間の長期化が懸念される．本来，高齢者の老後の生活は年金制度によって支えられる仕組みであったが，年金だけでは高齢者の最低生活を維持できない状況が発生してきている．そのため，生活保護制度によってどのように高齢者の最低

生活を保障していくのかを検討していく必要がある.

　また, 日本は, 平成に入ってから今日まで続く景気の低迷や, 昨今の新型コロナウイルス感染症の感染拡大, 物価の高騰などで所得格差が拡大し, 新たな貧困の問題に直面している. その状況は, 誰しもが生活困窮に陥るリスクが高まっていることにつながる. 不測の事態が生じた際に, 速やかに生活保護制度へとつながることができる環境を整える必要がある. また, 生活保護が, あくまでも「最後の砦」とするならば, その前段階での救済が可能となるよう, 社会保険制度や生活困窮者自立支援制度の充実が求められる. とくに, 生活困窮者自立支援制度と生活保護制度の連携強化は欠かせない.

注
1) 厚生労働省「生活保護費負担金事業実績報告」より.
2) 申請書以外の提出書類には, 収入報告書, 資産申告書などがある. その他, 必要に応じ預貯金の通帳や給与明細書, 年金証書の写しなどの提出が求められることもある.
3)「生活保護法」第4条第2項に基づき,「民法」第752条及び第877条第1項に規定される「互いに扶養をする義務」を有する親族を指す.
4) 厚生労働省『令和5年版 厚生労働白書』日経印刷, 2023年, pp.245-246.
5) 社会保障審議会（第14回生活困窮者自立支援および生活保護部会）「生活保護制度の現状について（資料5)」2022（令和4）年6月3日より.

参考文献
一般財団法人厚生労働統計協会『国民の福祉と介護の動向・厚生の指標 増刊・第69巻第10号 通巻第1082号』厚生労働統計協会, 2022年
「ケアマネジャー」編集部編, 福島敏之『ケアマネ・相談援助職必携 現場で役立つ! 社会保障制度活用ガイド2023年版』中央法規出版, 2023年
社会保障入門編集委員会『社会保障入門2023』中央法規出版, 2023年

第13章　地域福祉

第1節　地域福祉とは

1. 地域福祉の背景

　わが国ではかつて多くの人々が農林水産業を中心に生活を営んでおり，地域社会において住民が互いに助け合うコミュニティ（地域共同体）が形成されていた．しかし，第二次世界大戦後，核家族化の進展や産業構造の変化によって，生活様式が大きく変容することになった．農林水産業は衰退し，多くの若者が働く場を求めて地方から都市部へ流出していった．その結果，地方は高齢化とともに過疎化が進行した．また，都市部では人口集中による過密や公害問題が多発するようになった．こうした変化によって地方でも都市部でも地域で住民が互いに助け合うという意識が希薄化することとなり，地域社会の中で孤立してしまう人々の存在がクローズアップされるようになった．例えば，独居高齢者，ダブルケア，ヤングケアラー，8050問題，こどもの貧困などであるが，その内容も非常に多様化してきている．

　こうした多種多様な問題を，行政や民間が単独で解決していくことは困難といえる．そこで，地域社会で発生する問題を地域住民や行政機関，福祉施設など関係者らが協働し，誰もが住み慣れた地域で自分らしい暮らしを送れるように支援していく仕組みの構築が強く求められている．制度面においても2000（平成12）年の「社会福祉法」施行により地域福祉の推進が明確化され，地域福祉計画に関する規定も定められている．このように地域福祉に対する期待はかつてないほど高まりをみせている．

2.　地域福祉の定義

　地域福祉はすでに多くの研究者により定義づけられているほか，「社会福祉法」第 4 条においても「地域住民，社会福祉を目的とする事業を経営する者及び社会福祉に関する活動を行う者は，相互に協力し，福祉サービスを必要とする地域住民が地域社会を構成する一員として日常生活を営み，社会，経済，文化その他あらゆる分野の活動に参加する機会が確保されるように，地域福祉の推進に努めなければならない」と地域福祉の位置づけが示されている．この条文から地域福祉とは，地域住民と公私の社会福祉関係機関が協力し，地域社会で支援を必要とする人の日常生活の維持と社会参加の支援を図っていくことととらえられる．

第 2 節　地域福祉の内容

1.　社会福祉協議会

　社会福祉協議会は，「社会福祉法」に基づく地域福祉の推進を図る民間団体である．戦後まもない，1951（昭和 26）年に GHQ（連合国軍最高司令官総司令部）の提案により「中央社会福祉協議会」（現：全国社会福祉協議会）が設立された．そして，同年制定された「社会福祉事業法」により各都道府県に社会福祉協議会が設置されることになり，その後各市町村に広がった．このように社会福祉協議会は全国，都道府県，市区町村と 3 つのレベルで構成されているが，なかでも地域住民に身近なところで関わる機会が多いのは市区町村社会福祉協議会である．

　市区町村社会福祉協議会は「社会福祉法」第 109 条に「その区域内における社会福祉を目的とする事業を経営する者及び社会福祉に関する活動を行う者が参加し」とあるように公私の社会福祉関係組織によって構成されている．

　「社会福祉法」第 109 条に市区町村社会福祉協議会の規定があり，その事

業内容として，①社会福祉を目的とする事業の企画及び実施，②社会福祉に関する活動への住民の参加のための援助，③社会福祉を目的とする事業に関する調査，普及，宣伝，連絡，調整及び助成，④前 3 号に掲げる事業のほか，社会福祉を目的とする事業の健全な発達を図るために必要な事業，となっている．これら事業をより具体的にあげると，見守りやサロン活動といった小地域福祉活動，ボランティアセンターの設置運営や地域住民のボランティア活動の支援，福祉教育，地域福祉活動計画の策定，日常生活自立支援事業や生活福祉資金貸付制度，生活困窮者自立支援制度などの福祉サービス利用支援，「介護保険法」や「障害者総合支援法」に基づくサービスの提供などがあげられる．

　市区町村社会福祉協議会には「福祉活動専門員」が配置されている．一般的には「コミュニティワーカー」と呼ばれ，その職務は，市区町村の区域における民間社会福祉活動の推進方策について，調査，企画及び連絡調整を行うとともに広報，指導その他の実践活動に従事することである．福祉活動専門員の任用資格は，社会福祉士または「社会福祉法」第 4 章に規定する社会福祉主事の任用資格保有者等とされている．

2.　民生委員

　民生委員は 1917（大正 6）年に岡山県で創設された「済世顧問制度」や，翌 1918（大正 7）年に大阪府で創設された「方面委員制度」がその起源とされている．この方面委員制度は全国に拡大し，1936（昭和 11）年に「方面委員令」として制度化された．そして戦後，1946（昭和 21）年，「民生委員令」が公布され「民生委員」となった．さらに，1948（昭和 23）年の「民生委員法」により現在の民生委員制度が発足した．民生委員は「児童福祉法」に基づく児童委員も兼務しており，任期は 3 年である．また，1994（平成 6）年から主任児童委員制度が設けられた．一般の児童委員は担当区域を持ち，主にその区域内の子育て家庭への相談援助等を行うのに対し，主任児童委員は担当区域を持たずに虐待など地域の児童問題に対応し，児童委員の活動を援

助している.

　民生委員は「民生委員法」第1条に「社会奉仕の精神をもつて, 常に住民の立場に立つて相談に応じ, 及び必要な援助を行い, もつて社会福祉の増進に努めるものとする」と規定されている. このことから地域住民にとって身近な相談役としての役割を期待されていることがわかる.

　民生委員は, 都道府県知事の推薦によって厚生労働大臣が委嘱する非常勤特別職の地方公務員という位置づけである. ただし, 給与はなく, 連絡などに必要な活動費のみが支給されている. 民生委員の職務内容は次の通りである.

① 　住民の生活状態を必要に応じ適切に把握しておくこと.

② 　援助を必要とする者がその有する能力に応じ自立した日常生活を営むことができるように生活に関する相談に応じ, 助言その他の援助を行うこと.

③ 　援助を必要とする者が福祉サービスを適切に利用するために必要な情報の提供その他の援助を行うこと.

④ 　社会福祉を目的とする事業を経営する者または社会福祉に関する活動を行う者と密接に連携し, その事業または活動を支援すること.

⑤ 　「社会福祉法」に定める福祉に関する事務所（福祉事務所）その他の関係行政機関の業務に協力すること.

また①から⑤の職務を行うほか, 必要に応じて, 住民の福祉の増進のための活動を行うこととされている.

　最後に民生委員の人数であるが, 2022（令和4）年の民生委員・児童委員の一斉改選の結果, 定数は24万547人に対し委嘱数は22万5356人となっており, 定数を割り込んだ状況にある[1].

　民生委員はその前身の方面委員も含めるとおよそ100年にも及ぶ歴史ある制度である. また, 孤立しがちな現代社会にあって福祉ニーズを抱える人たちを発見し, 支援につなげていくという重要な役割を持っている. 地域社会において福祉の鍵ともいえる存在であり, 定数割れという現状は憂慮すべき

事態である.

3.　共同募金

　共同募金は「社会福祉法」第 112〜124 条に規定される地域の福祉のために実施される募金活動である. 共同募金は「赤い羽根共同募金」とも呼ばれており, 1947（昭和 22）年に始まった「国民たすけあい運動」から 70 年あまりの長い歴史を有している.

　共同募金は「社会福祉法」第 112 条に「都道府県の区域を単位として, 毎年 1 回, 厚生労働大臣の定める期間内に限つてあまねく行う寄附金の募集であつて, その区域内における地域福祉の推進を図るため, その寄附金をその区域内において社会福祉事業, 更生保護事業その他の社会福祉を目的とする事業を経営する者（国及び地方公共団体を除く）に配分することを目的とするものをいう」と規定されている. この活動のために社会福祉法人の中央共同募金会, 各都道府県共同募金会が設置されている.

　共同募金には以下のような特徴がある.

①　地域福祉の推進を目的に, 募金の約 7 割は集められた市区町村内の福祉活動に充てられている. 残りの 3 割は市区町村を越えた広域での活動と, 災害に対する備えとする「災害等準備金」に充てられている. この特徴から共同募金は「じぶんの町を良くするしくみ」として知られている. 共同募金の配分先としては, NPO 法人やボランティア団体, 社会福祉法人などがあげられる.

②　地域の福祉ニーズを把握し, 事前に目標額を設定する「計画募金」方式を採用している. 毎年度, 各都道府県共同募金会は, 目標額や受配者の範囲, 配分方法を定めている.

③　募金活動は毎年 10 月 1 日〜翌年 3 月 31 日までの 6 ヵ月間に限定して実施されている. 特に 12 月は「歳末助け合い募金（地域歳末たすけあい・NHK 歳末たすけあい）」も実施されている.

　共同募金の募金方法としては, 街頭募金, 個別募金, 学校募金, 職域募金,

イベント募金などがあるが，個別募金が 69.3% と圧倒的に多く，次いで法人
募金 12.2%，職域募金 4.2% の順となっている[2]．

　このように共同募金は国民の助け合い意識により，地域の民間による福祉
活動を金銭的にサポートするという役割を担っている．

4. ボランティア・NPO 法人

　地域福祉は，行政や社会福祉関係機関だけではなく地域住民らによるボラ
ンティア活動に期待するところが大きい．日本でボランティアが大きく取り
上げられたのは 1995（平成 7）年の阪神・淡路大震災である．当時，戦後未
曾有の自然災害といわれたこの震災時に，全国各地から数多くのボランティ
アが集まり，被災者の支援や復興活動に努めた．こうしてボランティアが社
会的に注目されたことから，1995（平成 7）年は「ボランティア元年」と呼
ばれるようになった．その後，大学等ではボランティア活動に単位を付与し
たり，企業もボランティア休暇を設けたりするなど，ボランティアという言
葉が社会に根づいて久しい．また，地域の清掃奉仕など社会福祉分野に限ら
ずさまざまなボランティア活動を行う団体が豊富に存在しているほか，地震
や洪水など大規模災害が発生するたびに全国各地から数多くのボランティア
が集まり活躍している．

　ボランティアの特性として「自発性」「社会性」「無償性」があげられる．
「自発性」とは，自らの意思に基づいて行うこと，「社会性」とは活動内容が
広く社会に貢献するものであること，「無償性」とは活動にあたって対価や
報酬を求めないこと，である．ただ，学校教育の一環で行うボランティア活
動や交通費，食事代などを支給する「有償ボランティア」も一般的になって
おり，上述の特性に当てはまらないケースも出てきている．

　こうして広く普及してきたボランティアであるが，日本ではその活動を法
的に支援する仕組みが作られていなかった．特にボランティア団体は代表者
個人の信用に委ねられ，組織として銀行口座を開設することや部屋などの賃
貸契約を結ぶことが困難であった．しかし，阪神・淡路大震災時のボランテ

ィアの活躍を受けて，ボランティア団体を社会的に支援していく機運が高ま
った．その結果，1998（平成 10）年に「特定非営利活動促進法」が施行され，
ボランティア団体に対して非営利活動を行う法人として認める仕組みが作ら
れた．「特定非営利活動法人」は Non-Profit-Organization の頭文字をとって
NPO 法人と称され，民間非営利組織とも呼ばれる．「特定非営利活動促進
法」では，保健，医療又は福祉の増進を図る活動，社会教育の推進を図る活
動，まちづくりの推進を図る活動など合計 20 分野の活動が認められている．
NPO 法人数は 2023（令和 5）年 7 月末現在，全国で 5 万 183 となっており，
今後ますます多様化する地域の福祉ニーズに対し柔軟に対応する組織として
期待されている[3]．

第 3 節　地域福祉の課題

　ここまでみてきたように地域福祉は，地域住民と行政や福祉関係者らの協
力によって成り立っている．したがって，地域福祉の成否は，地域住民の福
祉に対する関心の度合いによっても大きく左右される．この関心を高めてい
くことが地域福祉の課題であろう．

　幼少期からの福祉教育やボランティア活動の支援など地域住民が福祉に関
わる機会は増加していると思われる．しかし，前節で紹介した民生委員は，
定数を割り込んだ状態が続いており，なり手不足が大きな課題となっている．
また，地域福祉を金銭面から支える共同募金も近年は目標額を割り込む状態
が続いている．この原因には人口減少社会であることや長引く景気の低迷な
どが考えられる．それに加えて地域福祉に関心を持つ人たちが地域福祉の支
え手になってもらえるような後押しが足りない点もあげられる．例えば，民
生委員にしても具体的な職務を理解していなければ，依頼されても応諾しな
いケースもあるだろう．また，民生委員など専門的に地域福祉に携わる人材
だけでなく，子どもから大人まで広く地域住民自体に地域福祉の担い手とな
ってもらえるような意識を涵養していくことも重要である．そこで，社会福

祉協議会などが中心となり，福祉に関心のある住民を育て，見守りや声かけといった簡単なものからでも地域の福祉活動に参加してもらえるような支援（情報提供や相談システム）が求められる．例えば，中学校で福祉の体験学習をする．それで終わってしまうのではなく，生徒らに自分たちでできる地域福祉活動を考えてもらい，それを物心両面から支援していく．こうすることで子どもたちも地域福祉の担い手となる．地域福祉に対する期待が高まる現在，地域福祉推進の担い手を育てるとともに，地域住民が福祉に対して関心を持ち，地域共生社会を作る一員となっていく環境づくりが課題である．

注

1) 厚生労働省ホームページ，令和 4 年度民生委員・児童委員の一斉改選結果について　https://www.mhlw.go.jp/content/12003000/001034374.pdf（2023 年 9 月 23 日閲覧）．
2) 中央共同募金会ホームページ，令和 4 年度共同募金統計　https://www.akaihane.or.jp/wp/wp-content/uploads/R4-bokin1.pdf（2023 年 9 月 23 日閲覧）．
3) 内閣府 NPO ホームページ，特定非営利活動法人の認定数の推移，https://www.npo-homepage.go.jp/about/toukei-info/ninshou-seni（2023 年 9 月 23 日閲覧）．

参考文献

一般社団法人日本ソーシャルワーク教育学校連盟編『地域福祉と包括的支援体制』中央法規出版，2021 年
井村圭壯・相澤譲治編著『地域福祉の原理と方法（第 3 版）』学文社，2019 年
井村圭壯・今井慶宗編著『社会福祉の形成と展開』勁草書房，2019 年
上野谷加代子・松端克文編著『よくわかる地域福祉』ミネルヴァ書房，2019 年
髙井由起子編著『現代地域福祉論（第 2 版）』保育出版社，2013 年
西村昇・日開野博・山下正國編著『社会福祉概論（七訂版）』中央法規出版，2022 年

第 14 章　医療福祉

第 1 節　医療福祉とは

　社会生活を営む上で私たちは誰しも「健康で豊かに暮らしたい」と願っている．しかし，私たちの生活を脅かすものとして，感染症をはじめとする疾病・けが・障がい・加齢・貧困・虐待・自殺等さまざまなものがある．例えば，国立がん研究センターによると生涯にがんに罹患する可能性は 2 人に 1 人，がんで亡くなる人は男性で 4 人に 1 人，女性で 6 人に 1 人であることが示されている[1]．医療技術の発展とともにがんも治る時代といわれるようになったが，予防，治療，治療後の生活にはさまざまな支援が必要である．世界保健機関（WHO）によると，健康とは「病気でないとか，弱っていないということではなく，肉体的にも，精神的にも，そして社会的にも，すべてが満たされた状態にあること」[2]（日本 WHO 協会訳）と定義しており，疾病や障がいなど医療のみに連関したものではなく，社会生活を豊かに自分らしく送ることができるという福祉的な観点をも含むものとしてとらえることができる．つまり，がんの治療のみではなく，退院後の職場への復帰，再発防止への定期的な受診・予防，経済的な支援，がんによって負う障がいへの支援，その人を取り巻く環境への支援，望む場所で自分らしく暮らせるための支援等が求められる．このように医療福祉とは，「保健衛生」：健康の保全・増進をはかり，疾病の予防につとめること，「医療」：医術・医薬で病気やけがを治すこと，「福祉」：公的扶助やサービスによる生活の安定・充足のための支援，という 3 領域を包含したものを示す言葉であるといえる．「医療法」第 1 条の 2 第 2 項においても「医療は，国民自らの健康の保持増進のための努

力を基礎として，医療を受ける者の意向を十分に尊重し，（中略）医療提供施設の機能に応じ効率的に，かつ，福祉サービスその他の関連するサービスとの有機的な連携を図りつつ提供されなければならない」と健康の増進，適切な治療，福祉等サービスとの連携について示されている．

第 2 節　医療福祉の内容

1. 医療法と医療保険制度

　現在の「医療法」は，①医療に関する選択の支援，②医療の安全確保，③病院や診療所，助産所の開設・管理，④医療提供施設の機能分担と連携等について定め，医療を受ける者の利益を保護し，良質かつ適切な医療を提供する体制を確保し，国民の健康の保持に寄与することを目的としている．また，「医療法」第 1 条の 2 第 1 項「生命の尊重と個人の尊厳の保持を旨とし，医師，歯科医師，薬剤師，看護師その他の医療の担い手と医療を受ける者との信頼関係に基づき，及び医療を受ける者の心身の状況に応じて行われるとともに，その内容は，単に治療のみならず，疾病の予防のための措置及びリハビリテーションを含む良質かつ適切なものでなければならない」と定め，医療専門職が患者との信頼関係を構築し，心身の状況に合わせ，適切に疾病の治療，予防，リハビリテーションを行うこととしている．

　わが国は 1961（昭和 36）年の国民皆保険制度成立によって原則としてすべての国民が何らかの公的医療保険（被用者保険，国民健康保険，後期高齢者医療制度）に加入することで，誰もが必要な時に必要な医療サービスを少ない費用負担（1～3 割負担，年齢や所得よる）で受けることができるようになった．日本の医療保険制度は，①国民皆保険：保険料を出し合って助け合う，②フリーアクセス：医療機関を自由に選択できる，③現物給付：窓口負担で診療や薬の給付等，高度な医療サービスを平等に受けることができる，という特徴を持っている．

2. 医療提供施設と在宅医療サービス

　医療提供施設とは，病院，診療所，介護老人保健施設，介護医療院，調剤を実施する薬局その他の医療を提供する施設をいう．医療提供施設は，「医療法」「介護保険法」「医薬品，医療機器等の品質，有効性及び安全性の確保等に関する法律（薬機法）」に定義されている（表14-1）．一般的に病院や診療所は医療機関といい，介護老人保健施設と介護医療院は介護老人福祉施設（特別養護老人ホーム）と共に介護保険施設という．また，居宅や有料老人ホーム，サービス付き高齢者向け住宅なども医療を提供する場として位置づけられており，このような居宅にあたる場所で行う医療を在宅医療という．具体的には，病院へ通院することが困難な患者に対して，医師が定期的に自宅等を訪問して診療を行う「訪問診療」や，突発的な病状の変化などに対し患

表14-1　医療提供施設

病　院 （「医療法」第1条の5第1項）	医師又は歯科医師が，公衆又は特定多数人のため医業又は歯科医業を行う場所であって，20人以上の患者を入院させるための施設を有するものをいう．
診療所 （「医療法」第1条の5第2項）	医師又は歯科医師が，公衆又は特定多数人のため医業又は歯科医業を行う場所であって，患者を入院させるための施設を有しないもの又は19人以下の患者を入院させるための施設を有するものをいう．
介護老人保健施設 （「医療法」第1条の6第1項） （「介護保険法」第8条第28項）	介護保険法の規定による介護保険施設であるが医療提供施設として位置づけられている． 要介護者に対し，施設サービス計画に基づいて行われる看護，医学的管理の下における介護及び機能訓練その他必要な医療並びに日常生活上の世話を行う施設をいう．
介護医療院 （「医療法」第1条の6第2項） （「介護保険法」第8条第29項）	介護保険法の規定による介護保険施設であるが医療提供施設として位置づけられている．要介護者であって，長期にわたり療養が必要である者に対し，施設サービス計画に基づいて，療養上の管理，看護，医学的管理の下における介護及び機能訓練その他必要な医療並びに日常生活上の世話を行うことを目的とする施設をいう．
薬　局 （「薬機法」第2条12項）	薬剤師が販売又は授与の目的で調剤の業務並びに薬剤及び医薬品の適正な使用に必要な情報の提供及び薬学的知見に基づく指導の業務を行う場所をいう．

　出典：法令をもとに著者作成．

者や家族からの要請で臨時的に自宅を訪問する「往診」がある．その他，訪問看護，訪問リハビリテーション，居宅療養管理指導，在宅療養支援診療所などのサービスがある．

3. 医療ソーシャルワーク

　ソーシャルワークとは，社会的な問題の解決を支援するための社会福祉の実践活動を指し，保健医療機関におけるソーシャルワークを医療ソーシャルワークという．保健医療機関で入院患者等の望む生活に向け，患者やその家族が抱いているニーズを発見し，課題解決のための相談支援及び関係機関との連絡調整や連携を行う専門職として医療ソーシャルワーカー（MSW：Medical Social Worker）が配置される．医療ソーシャルワーカーには法的に義務づけられている資格はないが，社会福祉士や精神保健福祉士資格を有することが採用条件となっている．病院には，「医療法」上，地域医療支援病院や特定機能病院，臨床研究中核病院といった種類がある．また，厚生労働省の通知に基づき一定の医療機能を持つ病院，例えば，救命救急センター，災害拠点病院，総合周産期母子医療センター，地域がん診療連携拠点病院などもある．つまり，患者や家族，それらを取り巻く環境などにおいて異なる各々のニーズにより選択する保健医療機関は変わってくる．そこで医療ソーシャルワーカーは，所属機関や地域の特性，患者や取り巻く環境を理解し，制度やサービス，社会資源の活用等を含め，状況に応じた対応が求められる．このように高度化・専門化する医療の中で，社会福祉の立場から患者の抱える経済的・心理的・社会的問題の解決や調整を援助し，社会復帰の促進を図る医療ソーシャルワーカーの果たす役割は大きい．「医療ソーシャルワーカー業務指針」は 2002（平成 14）年に改正され，その指針に沿った，医療ソーシャルワークの提供が図られている．以下に指針に定められた医療ソーシャルワーカーの業務の範囲をまとめたものを示す[3]．

(1)　医療ソーシャルワーカーの業務の範囲

①　療養中の心理的・社会的問題の解決，調整援助

　患者，家族が安心して療養できるよう，心理的・社会的問題の相談に応じ，問題の解決に必要な援助を行う．育児や教育，就労に関わる不安，DV，人間関係の調整，サービスの活用，患者の死による家族の精神的苦痛の軽減，生活の再設計（グリーフワーク）への援助を行う．

②　退院援助

　主治医をはじめ院内スタッフと連絡・調整を行いながら，退院時期，活用できる社会資源，介護ができる条件などのさまざまな状況を確認し，在宅復帰へ向けた支援を行う．また在宅への退院が難しい場合，適切な転院先や施設などの紹介，転院の調整を行う．

③　社会復帰援助

　退院後の社会復帰が円滑に進むように，患者の職場や学校などと調整を行い，復職，復学を支援する．

④　受診・受療援助

　患者や家族に対し，受診や受療の援助を行う．患者の状況に適した医療の受け方，病院・診療所等の情報提供を行い，必要に応じ診療に参考となる情報を収集し，医師や看護師へ提供する．

⑤　経済的問題の解決，調整援助

　患者が医療費，生活費に困っている場合に，福祉，保険等の諸制度を活用できるよう支援する．

⑥　地域活動

　患者のニーズに合ったサービスが地域において提供されるよう，関係機関

と連携しながら地域の保健医療福祉システムづくりに貢献する．地域の患者会，家族会，ボランティア等の育成を支援する．高齢者や障がいのある人が地域で安心して暮らしていけるよう地域の理解を求め，普及を進める．

第 3 節　医療福祉の課題

　少子高齢化が進む中，医療・介護給付費を含む社会保障費の増加，現役世代の急減による医療福祉人材の不足，疾病構造の変化や高齢化による慢性的な疾患の増加等により，医療福祉の課題としては，病院完結型医療から地域完結型医療への転換や，地域医療構想と地域包括ケアシステムの推進などがあげられる．

　2021（令和 3）年度の国の社会保障給付費は 138 兆 7433 億円でいまだ増加傾向にある．部門別では「医療」47 兆 4205 億円（34.2%），「年金」55 兆 8151 億円（40.2%），「福祉その他」35 兆 5076 億円（25.6%）である．前年度比において「医療」は新型コロナウイルスワクチン接種関連費用，医療保険給付の増加，「福祉その他」は子育て世帯等臨時特別支援事業費補助金による増加が大きかった[4]．今後も医療・介護給付費は増大するため，医療提供体制の見直しや介護保険制度における給付・負担方法の見直しなどによる費用の適正化が必要となる．

　人材確保について『令和 4 年版 厚生労働白書』は，2040（令和 22）年には医療・福祉分野の就業者が 1070 万人必要と見込まれるのに対し，確保が見込まれるのは 974 万人に留まり，100 万人程度の人材不足が生じると推計[5]し，人材確保は令和の社会保障における最重要課題の 1 つと指摘している．引き続き地域偏在による医師不足の解消や，看護師，介護福祉士等医療福祉従事者の離職防止，復職支援などの対策を講じる必要がある．

　疾病構造の変化は，医療技術の発展，食生活の変化，高齢化等によって生活習慣に起因する疾患（悪性新生物，心疾患，脳血管疾患，糖尿病等）や長寿化に伴う慢性的な疾患が増加している．そこで国は，誰もが住み慣れた地域

で支え合って暮せる地域共生社会の実現を掲げ，地域連携を強化し，2025（令和7）年を目途に地域包括ケアシステムの構築を目指している．しかし，財源，人材，地域格差の問題等多様な面で整備が必要である．

注

1) 国立研究開発法人国立がん研究センター「最新がん統計のまとめ」https://ganjoho.jp/reg_stat/statistics/stat/summary.html（最終閲覧 2023 年 9 月 19 日）.

2) 公益財団法人日本 WHO 協会ホームページ「健康の定義」https://japan-who.or.jp/about/who-what/identification-health/（最終閲覧 2023 年 9 月 19 日）.

3) 公益財団法人日本医療ソーシャルワーク協会「医療ソーシャルワーカーの業務内容」(一部筆者改変) https://www.jaswhs.or.jp/about/sw_gyoumu.php（最終閲覧 2023 年 9 月 19 日）.

4) 国立社会保障・人口問題研究所「令和 3（2021）年度 社会保障費用統計の概要」2023 年，p.5.

5) 厚生労働省監修『厚生労働白書（令和 4 年版）』日経印刷，2022 年，p.7.

参考文献

厚生労働省監修『厚生労働白書（令和 5 年版）』日経印刷，2023 年

日本医療ソーシャルワーク学会編著『地域包括ケア時代の医療ソーシャルワーク実践テキスト（改訂版）』日総研出版，2021 年

児島美都子監修，成清美治・竹中麻由美・大野まどか編著『保健医療と福祉』学文社，2020 年

井村圭壯・今井慶宗編著『社会福祉の拡大と形成』勁草書房，2019 年

第15章　社会福祉の今後の課題

第1節　社会の変化と社会福祉の課題

1. 少子高齢化と社会の変化

　少子高齢化は，わが国の経済や社会に対するさまざまな問題をもたらす可能性があり，人口減少と高齢化が進む地方都市では商業施設の消滅やインフラ整備が追いつかないなど地域の機能不全が生じ，社会的共同生活が困難な限界集落が増えている．高齢者人口の増加に伴い，介護保険制度上の要支援・要介護認定者数は増加し，団塊世代が後期高齢者になっていくことでこの傾向はさらに続くと考えられる．

(1)　家族形態の変化

　世帯当たりの家族の構成メンバーの減少により，子育てや高齢者介護というこれまで家族で行ってきた営みが困難になってきている．子育てと仕事の両立，また家族介護の負担が増え，経済的に困窮するリスクが高まっている．介護や保育等の福祉サービスの必要性が高まっているが，福祉従事者の不足により必要なサービス提供が追いついていない状況が生じている．

(2)　地域社会のつながりの脆弱化

　高齢者の孤独死，育児の孤立化が社会問題となって久しい．家族形態の変化や地域における住民相互のコミュニケーションの減少が背景にある．高齢者世帯に対する見守りや児童人口の減少に伴う子育て世帯の孤立化は，結果

的に高齢者の孤独死や児童虐待につながる可能性が増えている.

2.　高齢者や子育て世帯の孤立化と地域社会のつながりの希薄化

　高齢化の進行とともに独居老人が増加し，その結果，自宅での孤独死が増えている．2021（令和 3）年のわが国の高齢者数は 3624 万人であり，そのうち独居は 627 万人，これは高齢者世帯の 26.4% を占めている[1]．わが国の推計では 2035 年には独居の高齢者は 841 万人に上昇するとされ，サポートや地域の支援体制の強化が急務である[2]．

　介護を理由に退職する「介護離職」が増加している．政府は介護離職防止対策として厚生労働省が，「育児休業，介護休業等育児又は家族介護を行う労働者の福祉に関する法律」に定められた介護休業制度の周知徹底を図るとともに，企業や労働者の課題を把握し事例集や対応のマニュアルなどの取り組みを進めている．介護を行っている労働者の継続就業を促進するための制度の整備を進めているが，雇用側の対応の差もあり，十分な進展が見られないのが現状である．

3.　人権問題

　「国際連合」（以下，「国連」）は「開発から人権保障へ」という方向性へのパラダイムシフトの流れの中，国連総会において「児童の権利に関する条約」(1989（平成元）年)，「障害者の権利に関する条約」(2006（平成 18）年)が採択された．高齢者や LGBTQ については国際条約締結には至っていないが国連にワーキンググループが作られ，高齢者や LGBTQ の人権についての議論が進められている．諸外国の多くでは人権問題についての議論や制度の整備が進められているが，わが国では権利擁護については改善すべき数多くの課題がある．

（1）　児童の権利問題
　児童の権利の侵害として最も深刻な課題は児童虐待問題である．児童虐待

は統計調査を開始して以来増加傾向が続いている．2019（令和元）年に国連の権利委員会はわが国の「児童の権利に関する条約」の実施状況に関する審査を行い，子どもを差別しているすべての規定の廃止，及びアイヌ民族など民族的マイノリティ，被差別部落出身者の子ども，在日コリアンなど日本人以外の出自の子ども，移住労働者の子ども，LGBTQである子ども，非嫡出子，障がいのある子どもなどに対する差別防止の措置の強化を求めているが，改善へ向けては，多くの改題が山積している[3]．

（2）　障がい者の権利問題

　国連の権利委員会は2022（令和4）年，わが国の「障害者の権利に関する条約」の実施状況に関する審査を行い，障がい児を含む障がい者が施設を出て地域で暮らす権利が保障されていない状況について「脱施設化」の推進を求めた．さらに精神科病院の強制入院を障がいに基づく「差別である」とし，自由を奪っている法令の廃止も求めた．わが国政府はこれまで障がいのある人の施設から地域への移行を進めてきたが，現在12万7000人の障がい者が施設で暮らしている．権利委員会は「インクルーシブ教育」推進と特別支援教育の廃止を求めているが，制度改革の実現には至っていない[4]．

（3）　高齢者の権利問題

　高齢者に対する虐待は高齢者の権利侵害の最たる問題である．高齢者虐待は統計調査を開始して以来増加傾向が続いている．高齢者虐待の問題は家族（親族，同居人を含む）による虐待も深刻であるが，介護施設従事者による虐待も増加傾向にある．介護をする家族に対するさらなる支援の充実が求められる．また介護施設従事者は慢性的に人材不足が深刻であり，個々の従事者の負担が大きいことも虐待問題につながりかねない要因となる．介護施設従事者に対する人権教育を含めた研修体制の充実と，施設職員の不足の問題の解決が不可欠である．

（4）　ジェンダーの権利問題

　育児や家事といった家庭労働についても性別役割分業意識が根強くあるわが国においてジェンダーギャップはなかなか改善が進まない．また，異性間におけるドメスティックバイオレンスは権利侵害の大きな課題であり，対策の強化が求められている．

　性的マイノリティに対する理解増進へ向け，2023（令和5）年に「性的指向及びジェンダーアイデンティティの多様性に関する国民の理解の増進に関する法律」が施行されたが，社会全体の理解までには至っていない．

第2節　これからの社会福祉の課題

1．社会における人と人のつながりの構築

　子ども，障がいがある人々，高齢者など多様な人々が地域社会の一員として生活していくことを目指す社会を福祉コミュニティと呼ぶようになって久しい．行政主導の福祉サービスから，社会福祉協議会，民生委員・児童委員，社会福祉法人などの民間と行政が連携し地域社会において人と人をつないだ支援の形が模索されるようになってきている．高齢者の孤独死，子育て世帯の育児の孤立化など人間関係の希薄化・無縁化といった地域コミュニティにおける問題はこれからの社会福祉の大きなテーマとなっている．支援の必要な人を地域において支える活動に地域住民が主体的に取り組む福祉コミュニティへと転換していくことが期待される．

2．福祉人材の確保と安定した福祉サービス提供体制の構築

　介護職，保育士の慢性的な人材不足が深刻な中，今後さらに高まる福祉ニーズに応えるためには福祉人材の確保が必要である．しかし現実には社会福祉士養成校，保育士養成校が減少しており，福祉系大学を卒業しても社会福祉の職場を選択しない学生は，増加傾向にある．人材不足解消のため介護職

には，外国からの労働力の導入が始まった．主にアジア諸国から特定技能実習生として受け入れ，国家資格を取得後は，職員として採用につなげようとしている．しかし日本の国際競争力の低下などの要因で，海外からの安定した人材確保は容易な状況でない．福祉的課題を抱える人にとって福祉サービスは必要不可欠であり，安定したサービス提供をするためには人材の確保と，さらに質の高いサービス提供へ向けて人材の育成が不可欠である．そのためにはわが国の社会全体が社会福祉従事者を専門職としてとらえ，賃金の改善，労働環境の整備を進めていく必要がある．

3. すべての人権が尊重される社会の構築

　現代社会は格差社会という構造的貧困を生み出し，地域における人間関係の希薄化は孤独死や孤独感を強く持つ人を生み出し続けている．このような現代社会において，医学の進歩により長寿を享受することができるようになった．科学技術の進歩で便利な生活ができるようになった一方，経済的格差は拡がり，高齢者や子ども，障がい者など社会的弱者に対する虐待の問題はより深刻になるなど，幸福とは何かということを改めて考える必要に迫られている．

　すべての人が人として尊重される社会の構築を考えるうえで，社会を構成する一人ひとりが幸福を追求し，主体的な選択が保障されることが重要である．

第3節　多文化共生社会構築へ向けた今後の方向性

1. 地域におけるつながりと生活支援の充実

　日本国民の「健康で文化的な最低限度の生活」を保障することは「日本国憲法」第25条に生存権として規定されている．最低限度の住む場所と人と人のつながりはすべての人に不可欠である．地域において互いに支え合う社

会の再構築が人々の生きがいを生み出し，豊かな生活を送ることにつながる．現代社会において人々の孤立化が大きな課題となっていることから，地域における人々のつながりを大切にする新しい福祉サービスと地域の連携のあり方が，今後さらに重要になる．

　ひきこもりやヤングケアラーの問題は介護，生活困窮，障がい，子育てなど複数の課題が重なり複雑化しており，従来の縦割り支援の対応では不十分である．当事者の意向を最大限に反映しつつ，関係機関のネットワークと複合的な支援体制の構築が鍵となる．

2.　必要不可欠な存在としての社会福祉従事者

　子どもや家族，障がいがある人々，高齢者，貧困の状態にある人々，LGBTQ などの性的少数者を含めたすべての人々の人権と尊厳を尊重する援助者の養成が，今後さらに重要になる．人材確保については人口減少の中，すべての産業において競争となっており，人が人を支えることの意味や価値について社会がとらえなおしていくことが重要である．新型コロナウイルスが世界的規模で拡大した際，人々の移動と集いの制限がかけられる中，医療従事者や社会福祉従事者を，社会に不可欠な存在を意味する「エッセンシャルワーカー」として認識するようになった．新型コロナウイルス感染禍で，「エッセンシャルワーカー」の重要性が改めてクローズアップされた．医療関係のみならず保育所，乳児院や児童養護施設，障害者支援施設，グループホーム，特別養護老人ホームなどの福祉施設従事者が必要不可欠な存在であることが浮き彫りになった．エッセンシャル＝必要不可欠な存在にもかかわらず，福祉従事者が賃金や労働条件の課題を抱えていることに対する見直しの機運が醸成されつつある．これからの時代も医療や福祉従事者はエッセンシャル＝必要不可欠な存在として社会において光り輝く存在となっていくことが期待される．

3. 多文化共生と地域共生社会の構築

　2040年には1100万人の労働力不足の可能性があるという指摘がある[5]．この深刻な労働力不足を補い社会を維持するためには定年の延長などでの対応だけでは改善が難しいことから，外国からの労働力の受け入れが必要となる．すべての産業で人材不足は深刻であり，外国人の労働力に対する期待は大きい．日本の総人口に占める外国人は2020（令和3）年は2.2%であったが，2070年には10.8%になると政府は想定している[6]．

　外国人労働者がわが国に定住し，福祉・教育・保健医療など公共サービスを円滑に利用できるためには，外国語での説明や対応も必要になるであろう．このような社会の変化に対応するために，外国人労働者を受け入れ，多文化共生する準備をしっかりと進めていく必要がある．

　子どもから高齢者，さまざまな障がいの有無に関係なく，地域において人々が集まる多世代交流施設が注目を集めている．多世代交流デイサービスは年齢や障がいの有無にかかわらず，誰もが一緒に身近な地域でデイサービスを受けられる場所であり，全国に拡大している．多世代交流施設は保育士，介護福祉士，地域のボランティアなどで運営される地域密着の事業で，さらなる展開により，重層的な関わりと支援の場が増え，福祉コミュニティが拡大していくことが期待される．

4. 多文化共生社会と社会福祉の価値

　多文化共生社会では，異文化理解のために多様な価値観に対する柔軟な対応が求められる．そのためには社会福祉が持つ普遍的な価値観について改めて考えていく必要がある．また，社会福祉は何を目指すのかといった真摯な議論を重ねていく必要がある．社会福祉は法律や制度を改正し社会のニーズに応えてきた．その中で知識や技術に重点がおかれるようになった．社会福祉は知識，技術，価値の3つの要素を融合してとらえる必要がある．

　人間は自己の力で生活することができない状態で生まれ，誰かに支えられ

ながら人生の終焉を迎える．人に頼ることなく生活することが困難な生き物
であり，互いに支え合う存在である．マザーテレサが「大切なのはどれだけ
たくさんのことをしたかではなく，どれだけ心を込めたかです」[7]と述べた
ように，知識や技術偏重から，価値や哲学について見直す，原点への回帰が
必要となっていくに違いない．

注

1) 「高齢化の状況および高齢社会対策の実施状況（令和 3 年度）」内閣府，2022 （令和 4）年 6 月．
2) 『令和 5 年版 高齢社会白書』内閣府，2023（令和 5）年．
3) 「日本の第 4 回・第 5 回政府報告に関する総括所見」国際連合児童の権利委員 会，2019（平成 31）年　https://www.mofa.go.jp/mofaj/files/100078749.pdf（2023 年 9 月 1 日閲覧）．
4) 「障害者権利条約総括所見 国際連合障害者の権利委員会」2022（令和 4）年 http://porque.tokyo/_porque/wp-content/uploads/2022/09/CRPD_C_JPN_CO _1_49917_E-ja-2.pdf（2023 年 9 月 1 日閲覧）．
5) リクルートワークス研究所「未来予測 労働力はどれだけ足りなくなる」 Works 177 号，2023 年　https://www.works-i.com/works/no177（2023 年 9 月 1 日閲覧）．
6) 国立社会保障・人口問題研究所『日本の将来推計人口』2023 年，p. 55．
7) 中井俊己『マザーテレサ愛の花束――身近な小さなことを誠実に，親切に』 PHP 研究所，2003 年，p. 101．

参考文献

秋山智久『社会福祉実践論』ミネルヴァ書房，2000 年
奥田知志・原田正樹『伴奏型支援』有斐閣，2021 年
厚生労働統計協会編『国民の福祉と介護の動向』第 69 巻，第 10 号，通巻 1082 号，厚生労働統計協会，2022 年
国立社会保障・人口問題研究所『日本の将来推計人口』2023 年

事項・人名索引

数字・アルファベット

4 つの P………………………………68
GHQ……………………………………19
NGO（非政府組織）……………………49
NPO（非営利組織）……………………49
NPO 法人………………………………134

あ 行

秋山智久………………………………61
アセスメント……………………………72
石井十次………………………………18
石井亮一………………………………18
意図的な感情表出の原則………………69
医療ソーシャルワーク…………………140
医療提供施設…………………………139
インターベンション……………………72
インテーク……………………………71
エリザベス救貧法………………………13
エルバーフェルト制度…………………14
オーエン（R. Owen）…………………15
岡村重夫………………………………5
岡山孤児院……………………………18

か 行

介護福祉士……………………………59
介護保険制度…………………………102
介護保険法……………………………31
カウンセリング…………………………76
過程（Process）………………………68

感化法…………………………………18
間接援助技術…………………………74
関連援助技術…………………………75
基準及び程度の原則…………………123
救護法…………………………………19
協同組合………………………………52
共同募金…………………………51, 133
居宅（在宅）サービス…………………103
グループワーク…………………………74
ケアマネジメント………………………76
ケースワーク……………………………74
現業員…………………………………125
権利擁護………………………………79
厚生労働省……………………………37
孝橋正一………………………………5
高齢社会………………………………21
高齢者の医療の確保に関する法律……33
国民皆保険……………………………138
孤女学院………………………………18
国家責任の原理………………………122
子ども・子育て支援法…………………34
こども家庭庁…………………………38
個別化の原則…………………………69
コミュニティワーカー…………………131
コミュニティワーク……………………75
コンサルテーション……………………76

さ 行

済世顧問制度…………………………131
最低生活保障の原理…………………122

査察指導員・・・・・・・・・・・・・・・・・・・・・・・・・・125

支援費支給制度・・・・・・・・・・・・・・・・・・・・・・・9

糸賀一雄・・・・・・・・・・・・・・・・・・・・・・・・・・・・20

自己決定の原則・・・・・・・・・・・・・・・・・・・・・・70

施設サービス・・・・・・・・・・・・・・・・・・・・・・・103

市町村社会福祉協議会・・・・・・・・・・・・・・・43

市町村障害者虐待防止センター・・・・・・・・88

児童相談所・・・・・・・・・・・・・・・・・・・・・・・・・・42

児童福祉法・・・・・・・・・・・・・・・・・・・・・・26, 93

社会・援護局・・・・・・・・・・・・・・・・・・・・・・・37

社会福祉協議会・・・・・・・・・・・・・43, 50, 130

社会福祉士・・・・・・・・・・・・・・・・・・・・・・・・・58

社会福祉士及び介護福祉士法・・・・・・・・・・35

社会福祉事業法・・・・・・・・・・・・・・・・・・・・・8

社会福祉主事・・・・・・・・・・・・・・・・・・・・・126

社会福祉の機関・・・・・・・・・・・・・・・・・・・・41

社会福祉の原理・・・・・・・・・・・・・・・・・・・・・3

社会福祉の政策・・・・・・・・・・・・・・・・・・・・・6

社会福祉法・・・・・・・・・・・・・・・・・・・・・・・・25

社会福祉法人・・・・・・・・・・・・・・・・・・・・・・50

社会保障制度審議会・・・・・・・・・・・・・・・・・7

社会保障制度に関する勧告・・・・・・・・・・・7

就労移行支援・・・・・・・・・・・・・・・・・・・・・116

就労継続支援A型・・・・・・・・・・・・・・・・・116

就労継続支援B型・・・・・・・・・・・・・・・・・116

就労定着支援・・・・・・・・・・・・・・・・・・・・・116

恤救規則・・・・・・・・・・・・・・・・・・・・・・・・・・17

受容の原則・・・・・・・・・・・・・・・・・・・・・・・70

障害者基本法・・・・・・・・・・・・・・・・29, 114

障害者虐待防止法・・・・・・・・・・・・・・・・・118

障害者雇用促進法・・・・・・・・・・・・・・・・・115

障害者総合支援法・・・・・・・・・・・・・・・・・112

障害者の日常生活及び社会生活を
　総合的に支援するための法律・・・・・・・・30

障害者優先調達推進法・・・・・・・・・・・・・115

新救貧法・・・・・・・・・・・・・・・・・・・・・・・・・・14

人権擁護委員・・・・・・・・・・・・・・・・・・・・・87

申請保護の原則・・・・・・・・・・・・・・・・・・・123

身体障害者更生相談所・・・・・・・・・・・・・・42

身体障害者福祉法・・・・・・・・・・・・・・・・・27

スーパービジョン・・・・・・・・・・・・・・・・・76

棄児養育米給与方・・・・・・・・・・・・・・・・・17

生活保護の種類・・・・・・・・・・・・・・・・・・・124

生活保護法・・・・・・・・・・・・・・・・・・・・・・・27

精神保健及び精神障害者福祉に関する
　法律・・・・・・・・・・・・・・・・・・・・・・・・・・・・31

精神保健福祉士・・・・・・・・・・・・・・・・・・・59

精神保健福祉士法・・・・・・・・・・・・・・・・・35

精神保健福祉センター・・・・・・・・・・・・・43

成年後見制度・・・・・・・・・・・・・・・・・・・・・79

世帯単位の原則・・・・・・・・・・・・・・・・・・・123

全国社会福祉協議会・・・・・・・・・・・・・・・44

ソーシャル・アクション・・・・・・・・・・・75

ソーシャル・アドミニストレーション・・・75

ソーシャル・プランニング・・・・・・・・・75

ソーシャルワーカーの倫理綱領・・・・・・62

ソーシャルワーク・・・・・・・・・・・・・・・・・67

ソーシャルワーク・リサーチ・・・・・・・・75

ソーシャルワークの原則・・・・・・・・・・・68

た　行

ターミネーション・・・・・・・・・・・・・・・・・73

第1号被保険者・・・・・・・・・・・・・・・・・・・102

第1種社会福祉事業・・・・・・・・・・・・・・・25

第2号被保険者・・・・・・・・・・・・・・・・・・・102

第2種社会福祉事業・・・・・・・・・・・・・・・25

第一種社会福祉事業・・・・・・・・・・・・・・・45

第二種社会福祉事業・・・・・・・・・・・・・・・46

滝乃川学園・・・・・・・・・・・・・・・・・・・・・・・18

多文化共生社会・・・・・・・・・・・・・・・・・・・149

地域共生社会……………………………2
地域支援事業…………………………104
地域包括支援センター…………………44
地域保健法………………………………32
地域密着型サービス…………………104
チームアプローチ………………………65
知的障害者更生相談所…………………42
知的障害者福祉法………………………28
直接援助技術……………………………73
統制された情緒的関与の原則…………69
都道府県社会福祉協議会………………44
都道府県障害者権利擁護センター……88
留岡幸助…………………………………18

な　行

仲村優一…………………………………5
日常生活自立支援事業…………………85
「日本国憲法」第25条………………4, 121
任意後見制度……………………………80
ネットワーク……………………………76
ノーマライゼーション………………111

は　行

バーナード（T. Barnardo）……………14
パールマン（H. E. Perlman）…………68
配偶者暴力相談支援センター…………89
場所（Place）……………………………68
被害者支援センター……………………89
非審判的態度の原則……………………70
ビスマルク（Otto von Bismarck）………14
必要即応の原則………………………123
人（Person）……………………………68
被保険者………………………………102

秘密保持の原則…………………………71
ブース（Charles Booth）………………14
福祉活動専門員………………………131
福祉事務所………………………………42
福祉六法…………………………………26
婦人相談所………………………………42
フラナガン（E. J. Flanagan）…………19
プランニング……………………………72
ベバリッジ報告書………………………15
保育士……………………………………59
法定後見制度……………………………82
方面委員制度…………………………131
保険者…………………………………102
保護司……………………………………51
保護の補足性の原理…………………122
母子及び父子並びに寡婦福祉法………29
母子保健法………………………………33
ボランティア…………………………134
ボランティア活動………………………48

ま　行

民間保険…………………………………53
民生委員…………………………51, 131
民生委員法………………………………33
無差別平等の原理……………………122
モニタリング……………………………73
問題（Problem）…………………………68

ら　行

ラウントリー（Benjamin Seebohm
　Rowntree）…………………………14
老健局……………………………………38
老人福祉法………………………………28

執筆者一覧

第1章	釜野 鉄平	聖カタリナ大学
第2章	菅田 理一	鳥取短期大学
第3章	井村 圭壮	元岡山県立大学
第4章	竹下 徹	周南公立大学
第5章	村田 道彦	東北文化学園大学
第6章	木村 匡登	宮崎学園短期大学
第7章	田中 公一	仙台青葉学院短期大学
第8章	長谷川洋昭	田園調布学園大学
第9章	遠山 景広	札幌大谷大学短期大学部
第10章	宮平 隆央	沖縄キリスト教短期大学
第11章	若倉 健	社会福祉法人恵友会
第12章	曽根 章友	東北文教大学短期大学部
第13章	鎌田 綱	四国医療福祉専門学校
第14章	名定 慎也	神戸女子大学
第15章	平本 讓	鹿児島女子短期大学

編著者紹介

井村圭壯（いむら・けいそう）
　1955 年生まれ
　現　在　岡山県立大学名誉教授．博士（社会福祉学）
　主　書　『戦前期石井記念愛染園に関する研究』（西日本法規出版，
　　　　　2004 年）
　　　　　『日本の養老院史』（学文社，2005 年）
　　　　　『日本の社会事業施設史』（学文社，2015 年）
　　　　　『社会事業施設団体の形成史』（学文社，2015 年）

鎌田　綱（かまだ・こう）
　1974 年生まれ
　現　在　四国医療福祉専門学校専任教員．社会福祉士
　主　書　『地域福祉の原理と方法（第 3 版）』（共著）（学文社，2019 年）
　　　　　『社会福祉の形成と展開』（共著）（勁草書房，2019 年）
　　　　　『保育と子ども家庭支援論』（共著）（勁草書房，2020 年）

福祉の基本体系シリーズ⑫
社会福祉の内容と課題

2024 年 2 月 20 日　第 1 版第 1 刷発行

編著者　　井　村　圭　壯
　　　　　鎌　田　　　綱

発行者　　井　村　寿　人

発行所　株式会社　勁　草　書　房
112-0005　東京都文京区水道 2-1-1　振替 00150-2-175253
　　　　（編集）電話 03-3815-5277／FAX 03-3814-6968
　　　　（営業）電話 03-3814-6861／FAX 03-3814-6854
　　　　　　　　　　　　　　　三秀舎・中永製本

©IMURA Keisou, KAMADA Kou　2024

ISBN978-4-326-70129-2　　Printed in Japan

https://www.keisoshobo.co.jp